古往今来

故事：人和传统

THROUGH THE AGES

People and Traditions in Chinese Tales

李铭建 著

北京语言学院出版社

First Edition 1994
First Printing 1994
Second Printing 1995

ISBN 7—5619—0346—4/H·237

Published by
Beijing Language and Culture University Press
(15 Xueyuan Road, Beijing 100083, China)
Distributed by
China International Book Trading Corporation
(35 Chegongzhuang Xilu, P.O. Box 399)
Beijing 100044, China
Printed in the People's Republic of China

目　录

序

学习汉语的外国人应该同时学习中国的文化。谁都知道中国历史是世界上最长、最丰富的；中国古代文化对现代社会的影响也是最深的。外国人如果不了解中国传统的思想和习惯，即使在中国住上几年甚至几十年，也不会了解现代中国人的思想和行为。现代世界是国际化的世界，大部分贸易是国际贸易。从事国际贸易的人一定得互相了解对方的思想，要不然在贸易谈判中也许就会发生误会。因此，学汉语的学生，就是只想将来跟中国做点买卖，也应该学点中国的传统文化。

可惜的是，现在大多数对外汉语教材只管语言结构，不管文化。现代的普遍行为习惯也好，“真正”的传统文化也好，一般的对外汉语教科书，介绍得都很少。外国留学生，除少数人以外，对于中国历史[illegible]多都没有全面的观念。

李[illegible]老师编写的《古往今来》对对外汉语教学是很大的贡献。李老师是中山大学的对外汉语教师，虽然还年轻，可是经验比较丰富。也许是因为他自己年轻，所以能以体察外国学生的心情，于是编写了这本教材，满足外国学生的急需。《古往今来》是一本故事书。不论是儿童还是年轻人，还是老年人，谁都爱听故事。通过故事学新的知识大概是最有效的方法。历史上有影响的大师们都是用说故事的办法上课的，孔子、孟子，以至毛泽东都用过。因此，不能说通过故事进行教学只适合儿童，不适合大学。

《古往今来》里的故事都是中国的传统故事，一共四十篇，每四篇算作一讲，共十讲。这些故事，有的出自《史记》，有的出自《世说新语》，有的出自《汉书》，有的出自《战国策》，有的出自《礼记》。不论出自何处，这些故事都体现了中国的传统观念，学生读了，就能抓住一些中国最高级的思想。还有，这些故事都是受过教育的中国人很熟悉的，是他们在演讲或日常谈话中经常引用的。外国学生要是没有接触过这些故事，那么就会听不懂他们的谈话。

《古往今来》中的故事都是围绕着一定的题目如家庭的价值、教育、贫富差别等加以选择的。每一讲都是先解释题目，然后再讲故事，每篇故事都有注释和英文翻译、练习和专题参考。这些补充资料对学生有很大帮助。我认为使用这本书，不但对习得语言有效，而且特别有意思，能够引起学生的兴趣。近几年来达到中级水平的学生越来越多，但我们缺乏合适的教材。《古往今来》的出版，给我们增加了一种合适的教科书。

黎天睦(Timothy Light)

1993 年 8 月于西密执安州立大学

本书的体例和使用说明

本书属于分专题的“中国文化传统”讲座教材。该讲座是为二年级(从汉语水平等级二级向三级过渡)的外国留学生开设的。通过指导学生阅读、欣赏传统故事,启发学生理解故事中体现的中国文化的传统思想和观念。进而结合学生在中国留学生活中可能遇见的文化冲突,分析中西文化的差异现象,研讨中国文化传统的传承和流变。使学生具有对中国人思维和行为方式的初步了解,并逐步培养自己的跨文化理解能力和沟通能力。

从中国文化传统的实际状况出发,同时根据学生实际需求和授课时限,参考社会学对文化观念研究的分类形式,本书分为十讲。

一、每一讲的编排形式

1. 标

主标题为一句成语或者常用语。( )内的副标题为社会学的参考类型,以便于读者了解各讲大致的内容。

2. 前言:

介绍本专题要涉及的方面,以及每个故事的主旨。也简要分析本专题与其它专题的关系。

3. 故事:

每讲四个故事,选译自“诸子”和历代笔记、史书。四个故事的内容互相交叉、补充,力求反映该专题的不同侧面。

4. 思考和练习:

引导学生讨论自己的感想和联想到的问题;测试对故事内容

的理解；介绍有关成语、俗语等。

5. 注释：

简要介绍故事出处、作者；说明故事中的人物以及有关的历史背景知识。

6. 综合思考和练习：

讨论、比较古今中外相关文化现象；介绍和操练与专题有关的语词；引导分析汉字部首的文化含义等。

7. 专题参考：

主要是对4、5、6中有关问题的再注释。包括与专题相关的文化背景知识（如传统的风俗习惯、有关事物或词语的文化象征含义）的介绍、传统思想流变的扼要提示和中外文化观念的比较分析等。

8. 插图：

每讲所附插图均与专题有关，是对教学及讨论内容进行说明的感性材料。

9. 英译文：

即使汉语水平等级一样，欧美学生的汉字认读能力也往往不如日本、韩国学生。借助英译文，欧美学生可以更快地了解故事内容。

二、每一讲各部分的教学方法和生词分布

本书以文化知识介绍和研讨为主，不安排单纯的语词、语法注释和操练。

本书以学生掌握乙级词为起点，丙级或丙级以上词语均为生词。

“前言”至“专题参考”各部分，其教学方法和生词分布情况如下：

1. 学生应有能力自学(1)、(2)部分，并在教师指导下练习或讨

论(3)、(4)部分。

(1)前言:生词不注音。生词一般不超过三个。

(2)故事:每百字不超过 10 个生词。生词以[ ]注出拼音。

(3)思考和练习、(4)综合思考和练习:语言难度一般不超出故事的难度。

2. 教师可以根据教学需要,酌情使用以下两部分的材料:

(1)注释:接近常见的汉语注释性语言,但已尽量减少古汉语成分。

(2)专题参考:属于作者自由叙述部分。主要为教师提示思路,提供讲座参考资料。

三、教学安排参考

1. 授课时间的安排

<table>
<tr><td colspan="2">授课周数</td><td>20</td><td>10</td><td>5—7</td></tr>
<tr><td rowspan="2">授课专题</td><td>总数</td><td>10</td><td>10</td><td>5—7</td></tr>
<tr><td>安排</td><td>选择 5—7 个重要专题,每专题 2 周。其余每专题 1 周。</td><td>每专题 1 周</td><td>选择 5—7 个重要专题,每专题 1 周。</td></tr>
<tr><td rowspan="2">授课故事</td><td>总数</td><td>40</td><td>30—40</td><td>15—28</td></tr>
<tr><td>安排</td><td>每专题讲授 4 个</td><td>每专题讲授 3—4 个</td><td>每专题讲授 3—4 个</td></tr>
<tr><td colspan="2">思考和练习题完成指标</td><td>>60%</td><td>40—60%</td><td>40—60%</td></tr>
</table>

注意:授课时间均以 2 小时/周计算。

2. 教学步骤的安排

(0)导论:

为便于教学安排,第一次讲座最好安排为“师生互相介绍和课程导论”的形式。

教师:介绍开设本讲座的目的、教学方式、教材使用方法、对学生的要求。

学生:介绍自己的专业,对中国的了解程度,对这个讲座的期望。

(1)预习:

教师:每次讲座之后,简要介绍下一专题四个故事的主旨。

学生:根据自己的兴趣,选定相应的故事,准备下一次进行讲解。可以独力讲解,也可以几个同学协力讲解。

(2)故事讲解:

学生:讲解所选定的故事;谈论观感和提出问题。

教师:提供与故事主题有关的关键词,引导全体学生理解故事的主旨。

(3)讨论:

学生:超越故事,更广泛地联系自己的知识和生活经历,提出问题并尝试分析。

教师:引导学生全面、正确地理解文化差异,消除学生的文化情感障碍,培养其文化理解力,鼓励其进行文化沟通的热情。

请记住一位心理学家的话:

“经过一代又一代,故事好像都是一样的。但由于听故事的人不同,他们可使故事产生新的、也许是前人所不知的意义……

“其它文化中的故事,带来了重要的关于规范和观念的信息,它们展现了其它的思维模式,使人们得以扩展他们的观念、价值观和解决问题的方法……

“那些故事不一定表现社会上现行的流行的方式;但即使它们与时代不符,它们也可以通过刺激人们的思想、对现有观念提出挑战以及引入新的和不为人知的观念来开阔人们的思想。”

——诺·佩塞施基安:《东方故事与心理治疗》

希望大家也能这样读这本书里的故事,参加我们的讨论!

作　者

第1讲
骨肉
（家庭）

骨头和肉——最基本的、最不能分开的——对中国人来说，这就是家庭。

最重要的，就是孩子应该无条件地爱自己的父母，即使是“坏”父母（§1.1）。从我们今天难以相信的传说中，更能发现古人是多么强调这一点（§1.2）。

那么，在实际生活中，什么样的孩子会使父母感到幸福（§1.3）？

当然，很早就有人并不同意“骨肉”是最重要的。他们说，有比家庭更重要的（§1.4）。

§1.1 芦花棉衣 （《孝子传》）

闵损[Mǐn Sǔn]小时候，他的后娘[hòuniáng]对他很不好。有一年冬天，后娘给她的两个亲生[qīnshēng]儿子的棉衣里装的是棉花，给闵损棉衣里装的却是芦花[lúhuā]。

这一天，闵损为父亲赶马车。他冷得发抖，拿不住缰绳[jiāngsheng]。父亲生气地打了他一下，才发现他穿的衣服非常薄。父亲明白这是怎么回事了，他要把这个偏心[piānxīn]的后娘赶走。闵损劝父亲说："妈妈在，只是我一个人觉得冷；如果妈妈走了，三个孩子就都没了娘。"于是父亲没有把后娘赶出去。后娘也十分感动，从此对三个孩子一视同仁[yī shì tóng rén]。

1-1 跪下吃奶的小羊，象征着儿女对父母的感激

思考和练习：

1. 童话和民间故事里的后娘经常是怎样的？这个故事里的后娘呢？

2. 现在人们对后娘或者继父的看法跟从前有什么不一样吗？

注释：

(1)《孝子传》：西汉文献学家刘向（前 77—前 6）编写的专门介绍孝子事迹的故事集。刘向整理了很多古代文献，同时根据当时儒家政治思想和社会道德的需要，将一些古代的材料写成了较为通俗和富有文学色彩的故事集，如《新序》、《说苑》、《列女传》等。

(2)闵损：（前 536—前 487）春秋时期鲁国（今山东曲阜一带）人。孔子的学生，古代著名的二十四个孝子之一。

§1.2 郭巨埋儿 (《搜神记》)

郭巨[Guō Jù]的父亲死后，郭巨的两个弟弟就急着分家[fēnjiā]。他们把家里的东西都拿走了。郭巨却一分钱也没有得到。郭巨和妻子只好带着老母亲住在别人家里，靠给人干活儿供养[gōngyǎng]母亲。

不久，郭巨的妻子生下了一个儿子。这本来是一件喜事，可是郭巨却十分发愁[fāchóu]。他心想：要养儿子，就一定会妨碍供养母亲。再说，老母亲有了孙子，总想着把食物留给孙子，她自己就吃得少了。这怎么行！郭巨和妻子商量了一下，两个人悄悄地抱着孩子来到后院[hòuyuàn]，打算挖坑[kēng]把儿子埋了。

郭巨挖着挖着，挖出了一块石板[shíbǎn]。石板下有一只罐子[guànzi]。上面写着"赏给孝子郭巨"几个字。郭巨打开一看，原来是满满的一罐黄金。郭巨不知道是怎么回事，赶紧把罐子交给房东。房东也莫名其妙[mò míng qí miào]，不敢要这罐子。郭巨只好向官府[guānfǔ]报告。官府问清楚了原因，认为这一定是老天爷的意思。就按照罐子上写的字，把这罐黄金给了郭巨。

思考和练习：

1. 郭巨有几个兄弟姐妹？郭巨是老几？
2. 郭巨喜欢他的孩子吗？
3. 如果郭巨没有挖到那个罐子……

注释：

(1)《搜神记》：东晋干宝编写的故事集。干宝，新蔡（今河南新蔡）人。勤学博览，特别爱好阴阳之学。曾任专职史官，主编史书。《搜神记》主要是他收集的汉代到魏晋时期的神异故事和民间传说。许多故事反映出民间宗教的因果报应思想。

(2)郭巨：传说是晋代隆虑（在今河南林县）人。和闵损一样，也是古代著名的二十四个孝子之一。

§1.3 好儿子 （《世说新语》）

冬至[Dōngzhì]的晚上，周嵩[Zhōu Sōng]一家欢聚[huānjù]在一起吃晚饭。周嵩的老母亲举起酒杯，对三个儿子说："我原来以为，我们家从北方搬到南方来以后，没有亲戚朋友，生活一定很困难。没想到咱们家有老天爷[lǎotiānyé]保佑[bǎoyòu]，你们三兄弟又都在我身边。我还有什么担心的呢。"

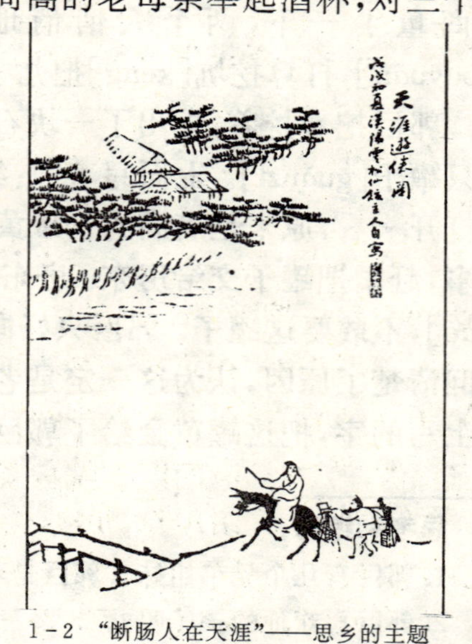

1－2 "断肠人在天涯"——思乡的主题

周嵩听了，不禁跪[guì]在母亲面前，哭道："妈，恐怕不行啊！大哥虽然有抱负[bàofù]，名气[míngqi]很大，但是他分不清好人坏人，又喜欢挑别人的毛病，这些对他自己很不利。我的脾气不好，也是会得罪[dézuì]人的。只有弟弟平平庸庸[píng píng yōng yōng]，不会出什么问题。他才可以为您养老[yǎnglǎo]送终[sòngzhōng]。"

思考和练习：

1. 周嵩的母亲对自己的孩子感到最满意的是什么？
2. 周嵩说谁是好儿子？你认为周嵩说得对吗？
3. 除了冬至之外，你知道中国还有什么重要的节日？

注释：

(1)《世说新语》：笔记文集。记载有关3至5世纪士大夫知识分子言行癖好的趣闻逸事。是反映当时中国知识分子气质的代表作品。作者是南朝文学家刘义庆(403—444)，彭城(今江苏徐州)人。曾任地方长官，喜好文学，爱结交文人。

(2)冬至：在12月21日、22日或23日，一年中白天最短的日子。是农历二十四节气之一，也是中国的一个传统节日。

(3)周嵩三兄弟：汝南安城(在今河南中部)人。大哥周颉(269—322)，很早就出了名。曾任文官管理部门的主管官员。爱饮酒，经常长醉不醒。周嵩是二哥，性格率直，因为有才气，常看不起别人。曾在醉中抱怨大哥说："你的才气不如我，名气倒不小！"小弟周谟，曾主管中央军队。有一次兄弟相别，周谟止不住落泪，周嵩生气地说他像个姑娘。

周颉、周嵩两人后来都被叛乱者杀害。

§1.4 规矩 (《吕氏春秋》)

墨家[Mòjiā]有一位受人尊敬的领袖名叫腹䵍[Fù Tūn],他住在秦国。腹先生的儿子犯了杀人罪,被抓了起来。秦惠王[Qínhuìwáng]赶紧把腹先生请来,安慰他说:“先生,您上了年纪,又只有这一个独生子[dúshēngzǐ],我已经命令不要判[pàn]他死刑[sǐxíng]。这件事情您就听我的吧。”腹先生摇头道:“不,我们墨家的规矩[guīju]是,杀人者处死[chǔsǐ],伤人者受刑罚[xíngfá]。这样才能防止伤害[shānghài]别人。不准伤害别人,这是天下[tiānxià]的公理[gōnglǐ]。您虽然可怜我,命令不判我儿子死刑,但是我必须按照我们墨家的规矩办。”

1－3 古汉字“保”

腹先生的儿子最后还是被处死了。

人们谁不对自己的儿子偏心呢!可是放弃偏心而维护公理的这位墨家领袖,才是一个公正[gōngzhèng]的人。

思考和练习:

1. 秦惠王为什么命令不杀腹先生的儿子?
2. 腹先生要求处死自己的儿子,他是不是一个好父亲?如果他听从了秦惠王的话，你对他怎么看？

3. 故事认为腹先生是一个______的人。（大义灭__/损人利__）

注释：

（1）《吕氏春秋》：战国末期思想家、政治家吕不韦（？—前235）组织学者编写的一部著作。里面广泛收集了当时各种流派的学说思想、历史传说故事和天文、医学、音乐材料。是杂家的代表作。有人称它是"中国第一部百科全书"。

（2）墨家：春秋战国之际的思想家、政治家墨子（约前468—前376）创立的学派。在战国时期影响很大。它在政治思想和学术观点上与儒家相对立。讲求实际，强调人人平等，重视实用知识。同时内部有严密的组织，纪律严格。但秦代以后墨家渐渐失去影响。

（3）秦惠王：（？—前311）战国时期秦国国君。

综合思考和练习：

1. 解释带点词语的意思：

骨肉分离　　情同手足　　同胞兄弟

2. 找出带点字的相同偏旁：

家庭　客人　安全　灾害

3. 汉语怎样称呼：

妈妈的爸爸：______；女儿的儿子：______。

4. 老王所在的工作部门准备举办一次晚会，晚会的海报上写着"可带家属"。"可带家属"的意思是：

a. 带妻子（丈夫）一起去。　b. 带孩子一起去。　c. 夫妻孩子一起去。　d. 这是客气话，实际上最好不要带家人。

5. 一位朋友有个三、四岁的孩子，你去这位朋友家的时候，会不会给孩子带礼物？如果带，带什么样的礼物好？

a. 玩具　b. 糖果　c. 小人书　d. ____

6. 人们喜欢谈论一个家里的老大、老二、老三……各有不同的性格特点。一般说来，他们真会有一些不同吗？

7. 有没有人问过你："你更喜欢你爸爸还是妈妈？"或"你爸爸喜欢你还是妈妈喜欢你？"你这样问过别人吗？

8. 你们国家的公共活动场所（公共汽车、电影院、博物馆等）对老人或小孩有没有优待？

专题参考

一、思考和练习及注释

§1.1

1. 在民间故事或童话中，后娘常常是不光彩的角色。西方的"白雪公主（Snow White）"、"灰姑娘（Cinderella）"或者中国民歌"小白菜"中的后娘，都没有获得一点同情。

但中国的孝子故事是有礼教含义的，故事的目的是创造和睦的家庭，故事所强调的精神是"儿不嫌娘丑，狗不嫌家贫"，所以故事多以后娘的幡然悔悟告终。闵损故事是元代郭居敬所编"二十四孝"之一。"二十四孝"中还有两则关于后娘的故事：一是远古的贤王舜，几次被后娘和异母弟弟暗害，但他终于以孝顺和友爱感动了后娘和弟弟。一是晋代王祥，不计较后娘对自己的刻薄，为后娘卧冰求鲤。

§1.2

1. "兄弟不睦"的民间故事中，坏人通常是懒惰的兄（嫂）。被迫害的弟弟得到神人的帮助而致富，当兄（嫂）想仿效弟弟时则因贪心而受到惩罚。①

孝子故事中"兄弟不睦"的角色却相反。舜和郭巨都是孝顺、忠厚的长子，而他们的弟弟则是不讲理的、没有家庭责任感的不肖之子。

2.“虎毒不食子”和“老牛舐犊”两句成语，足以证明疼爱子女是人类乃至动物界的普遍现象。日本俗语甚至说：“父母每因溺爱子女而失去理智。”在中国的传统看来，这种失去理智，首先表现在人们有了自己的家庭、孩子以后，常常忘了父母。即所谓“娶了媳妇忘了娘”。强调对父母的尊重、孝顺，就是要维持人们这种容易失去的理智。

3.亚伯拉罕(Abraham)虔诚地信仰上帝。当上帝考验他，要他用儿子以撒(Issac)作为燔祭时，他毫无怨言地执行了。然而就在他举刀要砍儿子的时候，天使及时制止了他。这时，亚伯拉罕突然发现，灌木丛中有一只被卡住了角的羔羊……[②]

亚伯拉罕故事表现的是西方宗教思想，鼓励从人之常情升华为宗教至上。

郭巨故事表现的是中国伦理思想，鼓励从人之常情升华为伦理至上。

亚伯拉罕发现了羔羊，郭巨发现了金罐子——不合常情的宗教(伦理)劝喻故事只能采用这种不合逻辑的结尾。

§1.3

1.“儿孙绕膝”，形容一个幸福的晚年。这也是一个家庭幸福的最重要标志——团圆。分家是父母最竭力避免的事情，因为一个家庭的分裂表示家长治家无方和儿女不孝。但大家庭在历史上也不普遍。汉代至本世纪30年代，中国每户平均人口为5—6人。[③]现代家庭更趋缩小，全国人口普查显示，1982年为4.41人/户，1990年为3.96人/户。[④]

2.周嵩并没有赞扬弟弟，但他知道自己率直傲岸的性格不容于世人。他是在悲叹自己的志向与孝道不能两全。而后来他和哥哥的遭遇也证明只有弟弟能为母亲养老送终。

“好勇斗狠，以危父母”——孟子所谓“五不孝”之一。[⑤]1987年前后的调查显示，在有欢乐时，23.2%的人表示最愿意先告诉双亲。而在有苦恼、风险的时候，有 1/3 以上的人表示最不愿意告诉双亲。[6]

3. 传统的重要节日多以家庭为单位，以团圆为主要目的：

一年中最重要的一顿饭，莫过于农历除夕的“团年饭”，有的地方又叫“合家欢”。

中秋节，以观赏满月和吃月饼象征家庭的团圆或相思。苏轼著名的词《水调歌头·明月几时有》即注明“作此篇，兼怀子由（他的弟弟苏辙）”。

清明节，人们清扫亲人的坟墓，并献上祭品。也可以看作和死去亲人团圆的一种形式。

冬至在古代是皇帝祭天的日子，民间则在这天向父母尊长拜节。现在南方一些地方还比较重视冬至，称为“过小年”。

§1.4

1. 由于重视孝的观念，传统上对独生子的刑罚或劳役常有特殊规定，如：应判死刑或流放的犯人，若家中亲老孤单无依，准予犯人存留抚养亲老，法律称为“留养承祀”。在唐、明、清，由于亲属互相包庇、隐瞒而犯死罪者，往往须中央司法部门才能有权审理和判决。

2. 从儒家的观点来看，“养不教，父之过”。儿子犯罪，父亲难辞其咎。另一方面，孔子明确表示，亲属互相包庇、隐瞒是一种可以理解的直率行为（“父为子隐，子为父隐，直在其中矣。”[7]），可腹䵍又不这样做。因此不论如何，儒家都不会认为腹䵍是个好父亲。

那么对整个社会而言，腹䵍的做法是好是坏呢？以社会公理为上的墨家、法家对此是肯定的，而以亲子关系至上的儒家却陷入“忠孝不能两全”的两难处境。[8]由于儒家思想在汉以后一直处于统治地位，儒家的“两难”对中国的立法曾产生消极的影响。

二、综合思考和练习

1. 当夏娃(Eve)被创造出来的时候，亚当(Adam)说："这是我的骨中之骨，肉中之肉(Bone taken from my bone ,and flesh from my flesh)。"[⑨]但在汉语里，"骨肉"不是表示两性之间的关系，而是两代之间的关系。就像俗话说的，孩子是"娘身上掉下来的一块肉"。

中国人称国为一个"家"——国家。中央电视台的少数民族巡礼节目就叫做《祖国大家庭》。居住在大陆的中国人称台、港、澳地区的中国人为"台湾同胞"、"港澳同胞"，称旅居海外的华侨为"侨胞"。

2. 家：房屋里养有猪(豕)才算一个家。

客："客"的古义是"(从外)到来"。

灾、害：没有比家破人亡更糟糕的了。

4. 在美国，成人的正式社交活动往往是不让孩子参加的。中国则常常是"阖府统请"。[⑩]

5. 给孩子送食品似乎渐渐不受父母欢迎了。

6. "你有几个兄弟姐妹?你排行第几?"是中国人常互相询问和谈论的话题。

与民间故事的兄弟主题有所不同，一般习俗上认为的兄弟性格特征往往是：

老大：有责任感，忠厚，古板。长子备受父亲重视。老二：思想敏捷，有叛逆性，爱冒险等。最小的孩子则常常被半开玩笑地说成是"受父母呵护，娇气，依赖性强。"

7. 大人仍然常用这类问题逗孩子。心理学家认为，这种问题容易干扰孩子对父母的认识。但是向成年人问类似的问题，也许有助于了解其性格倾向。据称，有成就的女性，其母亲对女儿往往严格、专断与进行控制。对男孩来说，母亲的保护态度则预示着成就。[⑪]

8. 美国的 senior citizens (年长公民)，在使用公共设施时享受折扣优待。有趣的是，在中国，这种优待大部分是属于儿童享受的。

参考资料：

①丁乃通：《中国民间故事类型索引》(郑建成等译，中国民间文艺出版社，1986)，480F、503E、M。

②《圣经·创世纪(Genesis)》，第22章。

③直江广治：《中国民俗文化》(王建朗等译，上海古籍出版社，1991)，第110页。

④《中国广播报》，1992年第7期，第4版。

⑤《孟子·离娄下》。

⑥沙莲香：《中国民族性(二)》(中国人民大学出版社，1990)，第10章第2节。

⑦《论语·子路》。

⑧钱钟书：《管锥篇》(中华书局，1979)，第134—136页。

⑨同②，第2章。

⑩许烺光：《美国人与中国人》(彭凯平等译，华夏出版社，1989)，第83—85页。

⑪M.H.邦德　主编：《中国人的心理》(张世富等译，云南人民出版社，1990)，第31页。

第2讲
百年树人
（教育）

为了一个家庭长久的繁荣，必须认真地培养后代。中国的父母最操心的，也就是为孩子选择一个理想的学习环境，培养他的聪明才智（§2.1）。聪明孩子的故事也是人们喜欢谈论的（§2.2）。

一代又一代，中国的父母和老师用前人的故事鼓励孩子刻苦学习（§2.3）。不过教育孩子的老师处在一个很特别的位置：他们受到学生的尊敬，生活状况却并不令人羡慕（§2.4）。

§2.1　孟母三迁　《列女传》

孟轲[Mèng Kē]小时候，家住在墓地[mùdì]附近。孟轲喜欢到处玩，就跟着那些挖坟墓[fénmù]的人玩送葬[sòngzàng]的游戏。孟轲的母亲见到这种情况，心想："不能让孩子住在这样的地方。"于是就把家迁[qiān]到了市场附近。

孟轲家搬到了热闹的市场旁，小孟轲每天就在市场里玩，学着商人们叫卖[jiàomài]、讲价[jiǎngjià]。母亲见了，心想："也不能让孩子住在这样的地方啊。"她又把家搬到了学校旁边。

在学校里，学生们要学习家庭、社交[shèjiāo]的礼仪[lǐyí]。孟轲也就跟着他们学习各种礼仪规矩。

母亲这才松了一口气。

2-1　母亲常常是第一个老师

思考和练习：

1. 母亲搬了几次家，因为她知道“近朱者__，近__者黑”。

2. 孟轲的母亲为什么不愿意孩子学着挖坟墓的人和商人的样子？

3. 故事认为，最重要的学习内容是什么？

注释：

(1)《列女传》：西汉文献学家刘向（参见§1.1注释）编集。记载了一百多个古代妇女的故事或传说。

(2)孟轲:(约前372—前289)邹(今山东邹县东南)人。他是孔子之后最著名的儒家学者。后人尊称为"孟子"。他的母亲对他从小就进行严格的教育。历史上流传有不少孟母教育儿子的故事传说,这些故事传说一直作为家庭教育的榜样。

(3)《礼记》:儒家重要著作之一。里面系统论述了政治制度、处世哲理、家庭关系、社交礼仪等儒家关心的问题。

§2.2 聪明的孩子 (《世说新语》)

孔融[Kǒng Róng]十岁的时候,跟着父亲来到首都洛阳[Luòyáng]。

当时,首都的检察官[jiǎncháguān]李膺[Lǐ Yīng]名气很大。很多人想拜访他。可是只有亲戚和一些有名的人物才能得到通报[tōngbào]。孔融来到门前,对看门人说:"我是李先生的亲戚。"通报之后,孔融被请进客厅坐下。李膺看着这孩子,笑眯眯[xiàomīmī]地问他:"你说说看,我和您是什么亲戚啊?"孔融十分大方[dàfang]地回答道:"从前,我的祖先孔仲尼[Kǒng Zhòngní]和您的祖先李伯阳[Lǐ Bóyáng]是有师生关系的。所以我们两家也可以说是老交情[jiāoqing]了。"李膺和其他人听了,都啧啧称奇[zézé chēng qí]。

这时候,文官陈韪[Chén Wěi]也来到李膺家。有人把孔融的话告诉了他。陈韪听了,不以为然[bù yǐ wéi rán]地说:"那有什么!小时候比别人聪明,长大了不一定怎么样。”孔融看了他一眼，说：“我想，您小时候一定比别人聪明。”陈韪一下子竟然[jìngrán]张口结舌[zhāng kǒu jié shé]，不知道怎么回答才好。

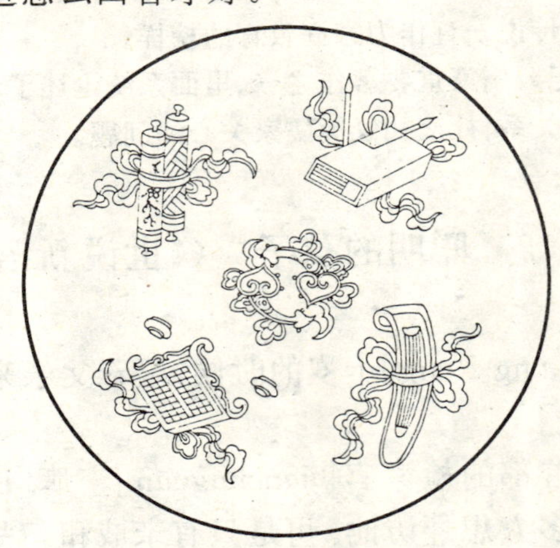

2-2　琴棋书画——四种艺术修养

思考和练习：

1. 陈韪不相信孔融是个神童，结果被________的孔融问住了。(少年__成/大器__成)

2. 孔融对陈韪说话之后，如果孔融的父亲在旁边，父亲会怎样？

3. 陈韪说：“小时候比别人聪明，长大了不一定怎么样。”你同不同意他的看法？

注释：

(1)《世说新语》：见§1.3注(1)。

(2)孔融：(153—208)东汉末年著名学者。孔子第二十代孙。有个故事说他在四岁时就知道主动把大梨子让给兄弟吃。

(3)洛阳：东汉时期的首都。是当时的经济、文化中心。故址在今河南洛阳东。

(4)孔仲尼：(前 551 —前 479)即孔子。春秋末思想家、教育家，儒家创始人。李伯阳，即老子。春秋末思想家，道家创始人。传说孔子曾经向老子请教“礼”的问题。

§2.3 凿壁偷光 (《西京杂记》)

匡衡[Kuāng Héng]学习很用功。因为家里穷，买不起蜡烛[làzhú]，匡衡就在墙壁上凿[záo]了一个小孔，晚上偷偷地借着邻居家透过来的烛光读书。城里有一户人家十分富有[fùyǒu]，虽然不认得几个字，可是家里有许多藏书[cángshū]。匡衡来到这户人家做帮工[bānggōng]，干活儿很卖力[màilì]，却不要工钱[gōngqian]。主人觉得奇怪，问他想要什么，匡衡说：“如果能把您家的藏书都读一遍就好了。”主人见他这么好学，十分感慨[gǎnkǎi]。匡衡因而读了许多主人的藏书，后来成了一个大学者[xuézhě]。

思考和练习：

1. 小时候，你有没有听过类似的“苦读”故事？
2. 你认为一个人要获得成功，最大的困难是什么？
3. 这个故事认为，一个人成功的标志是什么？

   a. 有财富　b. 有权力　c. 有学识　d. 有名气

注释：

(1)《西京杂记》：西京，指西汉京城长安。此书主要记载西汉时期的逸闻琐事，有些传说常被后人引用。作者葛洪(284—363)，是西晋思想家和医药学家，句容(今江苏句容)人。东晋初曾任国家军事参谋之职。晚年在广东罗浮山炼丹，以求长生不老之药。

§2.4 老师的故事 (《避暑录话》)

乐[Yuè]先生是我小时候的私塾[sīshú]老师。他家生活很困难，但是他从来也不好好料理[liàolǐ]一下。他有三间草屋[wū]。他和家人住一间，另外两间给我们这些学生上课。

乐先生十分开朗[kāilǎng]，很喜欢开玩笑。从来也没有见他生过气，发过火。有一天，快到中午的时候，乐先生的妻子叫孩子到教室来告诉乐先生，家里已经没有米了，午饭还没有做呢。乐先生说："再忍一会儿。我想等一下可能有人送米来。"他妻子看他那若无其事[ruò wú qí shì]的样子，实在忍无可忍[rěn wú kě rěn]。她冲进教室，操[cāo]起桌子上的教鞭[jiàobiān]，朝着乐先生的脑袋就打。乐先生丢下书本，抱

2-3 读书人喜欢把自己比喻成清高的莲花

着脑袋就往外逃。一不小心，在门口摔[shuāi]了个四脚朝天。我们一班学生都跑出教室，一边笑，一边架[jià]着乐先生的两条胳膊把他扶[fú]了起来。这时，我爸爸真的给乐先生送米来了。乐先生不紧不慢地拍着身上的尘土[chéntǔ]，笑嘻嘻[xiàoxīxī]地对妻子说："怎么样，我没有骗你吧。煮饭吧，煮饭吧，我饿坏了！"

思考和练习：

1. 乐先生靠什么生活？他的生活怎么样？
2. 作者为什么要写乐先生的故事？
3. 谈一谈你印象最深的老师。

注释：

(1)《避暑录话》：南宋文学家叶梦得(1077—1148)的笔记文集。叶梦得，吴县(今江苏苏州)人。曾任南宋负责防务的官员。他学问渊博，对旧闻掌故尤其熟悉。

综合思考和练习：

1. 本专题的标题"百年树人"是一个成语的下半部分，成语的上半部分是"十年树__"。

2. 找出各组中带点字的相同偏旁：

   a. 笔记　回答　　b. 纹理　斑点　　c. 学生　教师

3. 下列句子里带点词语的意思是什么？

   我肚子里没有什么墨水。

   考试吃了鸭蛋。

4. 以下是孔子、孟子关于学习、教育的三句格言，你能解释其中带点的词吗？

   学而不厌，诲人不倦。(孔子)

三人行，必有我师。（孔子）

尽信书，不如无书。（孟子）

5. 找出汉语和英语关于学习、教育的相似谚语：

1）孩子不打不成器。　a. The child is father to the man.

2）五岁看八十。　b. Spare the rod and spoil the child.

3）小时了了，大未必佳。c. Soon ripe, soon rotten.

你同意以上谚语的说法吗？

6. 孩子不愿意学习，常常和父母的教育态度有关。最不好的教育态度是：

a. 过分溺爱　b. 过分严厉　c. 不关心　d. ____

7. 谈谈你对中国学生、老师以及教学的观感（与你们国家有什么不同）。

8. 小时候，你的爱好是什么？现在有没有发展这种爱好？

专题参考

一、思考和练习及注释

§ 2.1

2. 挖墓人：通常是没有固定职业的城市游民，也有地痞无赖之流。商人："无商不奸"、"为富不仁"。在知识分子题材的元杂剧中，商人总是象征着有财无德和堕落愚昧，书生则理所当然地象征着知识与道德修养。①

3. "相夫教子"，是古代母亲的重要职责。许多著名人物的启蒙老师就是母亲。孟母则是家庭教育的典范。关于她的传说还有"子不学，断机杼"和"孟子休妻"（见 § 6.1）等，均为告诫孟子应刻苦学习和遵守礼仪的故事。

礼仪是传统教育的第一内容。"师道尊严"的传统使得中国的教师尚未成为学生袭击的对象。但是，独生子女的数目在近十年突然增加，父母一代大有手足无措之感。社会迅速变化的压力，又形成人们对传统教育的逆反心理——被误解了的“竞争”意识取代了礼仪：汽车站上，家长推孩子上车抢座位。学校饭堂里，小学生们你推我搡，互不相让。

§2.2

2. 成年人喜欢儿童的天真和青年人的“初生牛犊不怕虎”，但是对青年人的要求，则是以其思想行为是否像个成年人为标准。孔融的父亲也许会以儿子的聪明和机智暗自得意，但是他肯定会开口斥责孩子对长辈没有礼貌。

3. 有学者认为，中国传统教育重视培养与人交往和相处的能力而轻视成就动机。[②]但这种情况至少在现代有了很大变化。1982年香港的调查显示，“期望儿童长大时的个人特征，最常提到的是与胜任能力及成就有关的一些特征。”类似的情况在中国大陆和台湾也很突出。[③]1978年以后，随着“高考热”，中国科技大学的少年班成为许多父母无限向往的地方，然后是至今兴盛不衰、据说卓有成效的“学琴（棋、书、画）热”，[④]1990年前后又开始了“娃哈哈”之类的“聪明药热”。[⑤]1991年广州的“中华百绝博览会”，还特别辟有一个名为“神童馆”的展区，由幼儿和儿童进行绘画、书法、计算等表演。

在一部介绍澳大利亚神童生活的电视纪录片中，神童们的母亲普遍对自己孩子的与众不同显得担心和不知所措。80年代中期美国的调查也显示，美国只有不到4%的人认为孩子应该追求“努力获得成功”。[⑥]但是“望子成龙”始终是形容中国父母的最恰当成语。

§2.3

2. “怀才不遇的年轻人”常常是西方文学的一类英雄典型。中国传统文学中的相应典型则是“苦读成名的穷书生”。传统上，无论政府还是民众，都鼓励学子“苦读”。即使现在，小学三年级的孩子也肯定听过一两个“头悬梁，锥刺股”之类的故事。

“怀才不遇的年轻人”总是充分肯定自我。他的敌人是否定他的社会。他要使社会改变对他的看法。

“穷书生”的敌人则是自己的惰性、无知。他要努力获得知识，以期自己能更好地被社会接受。也就是说，要在科举考试中金榜题名。“上匡国，下利民；扬名声，显父母；光于前，裕于后”，《三字经》接近结尾处的这几句话，概括了传统上对于读书目的之理解。

3. 与世俗之“势”（权势、王权）相对立的“道”（道德、真理），在古代西方是寄托于宗教及宗教组织，中国则是体现于个体知识分子的自尊自重。[7]孔子赞赏颜回“一箪食，一瓢饮，在陋巷。人不堪其忧，回也不改其乐。”[8]管宁（158—241）因为看出朋友华歆（157—231）对财富地位有羡慕之意，便将与华同坐读书的席子一刀两断。[9]“清高”一词至今仍是知识分子的代名词。象征隐者的菊花和“出淤泥而不染”的莲花，是文人墨客表现“清高”的永恒题材。

§2.4

1. 私塾，是唐至明清传统启蒙教育的主要形式之一。教师在家设馆授课，学生家长资助其生活（钱或实物）。一般收入菲薄。唐代薛令之做太子的老师，因待遇糟糕而题诗道：“朝日正团团，照见先生盘；盘中何所有？苜蓿长阑干。”“苜蓿生涯”成为形容教师清苦生活的成语。

2. 印度婆罗门教认为，“应该受最大尊敬”的“三圣火”是：父、母、师。教师被视为“精神上的父亲。”[10]中国传统年节祭祀的对象则包括“天地君亲师”。1992年“中国社会人际关系现状调查”中，社会好评率最高的是“教师”（85.1%）。[11]但这绝不意味着师范院校是“苦读”学子们的热门。

二、综合思考和练习

1.“十年树木，百年树人。”对教师最高的赞誉是“桃李满天下”，老师的教诲称为“春风”，在每年 9 月 10 日教师节前后热销的“敬师卡”上，最常见的题词是：“教诲如春风，日日沐我心。”

2.竹：是中国文化最忠实的记录者。

文：像一个文身的人。文明、文化皆由此开始。

子：不言而喻。另外，学与教的上部，原本还有“爻”字，表示计数是重要的教学内容。

6.日本的调查显示，“家庭环境中造成中、小学生失足的原因”是：家长太溺爱(56％)，两代人之间没什么交流(35％)，家长放任自流(31％)，家长对子女期望过高(19％)。⑫

参考资料：

①陈维昭：《古典名著中的酒色财气》(花城出版社，1992)，第 102 页。

②许烺光：《美国人与中国人》(彭凯平等译，华夏出版社，1989)，第 3 章。

③M.H.邦德　主编：《中国人的心理》(张世富等译，云南人民出版社，1990)，第 27—31 页。

④据中央人民广播电台“午间半小时”关于四川“钢琴热”的报道(1992 年 9 月 14 日)。

⑤《中国广播报》，1992 年第 36 期，第 4 版。

⑥路易斯·哈里斯：《美国内幕》(诗宓等译，华夏出版社，1990)，第 31 页。

⑦余英时：《士与中国文化》(上海人民出版社，1987)，第 120 页。

⑧《论语·雍也》。

⑨《世说新语·德行》。

⑩《摩奴法典》,第 2 卷第 149 节。

⑪《广州文摘报》,1992 年第 37 期,第 4 版。

⑫铃木健二:《日本社会面面观》(陈曾民编译,经济管理出版社,1989),第 136 页。

第3讲
白头偕老
（婚姻）

中国人重视家庭，自然也很重视婚姻。以下是公元前2世纪到公元3世纪的四个著名故事。它们著名，是因为它们关于男性和女性的观念，至今对中国人还有着影响：

中国人喜欢浪漫的爱情故事，因为那代表了人们的一种理想（§3.1）。但中国人更重视的是实际的生活，所以婚姻对象要认真地选择（§3.2），保持婚姻的长久和稳定更是一件不能马虎的事（§3.3）。关于"喜欢嫉妒的妻子"的民间故事，也反映出中国男性与女性的关系和地位（§3.4）。

§3.1　司马相如和卓文君　（《史记》）

卓王孙[Zhuō Wángsūn]是临邛[Línqióng]的首富[shǒufù]。他听说县官[xiànguān]王吉[Wáng Jí]家来了一位叫做司马相如[Sīmǎ Xiàngrú]的客人，王吉对客人非常尊敬，于是就打算请王吉和司马相如来做客。

这天，王吉来到卓家。一看，已经来了上百位宾客[bīnkè]。中午，卓王孙派人去请司马相如。司马相如推辞

[tuīcí]说身体不舒服，去不了。王吉连饭也不敢吃，亲自跑去请相如。相如没办法，只好去了。宾客们一见相如，都被他的风度[fēngdù]倾倒[qīngdǎo]了。

到了大家喝得有些酒意[jiǔyì]的时候，王吉便向相如请求："听说您喜欢弹[tán]琴[qín]，请您弹一首玩玩吧。"相如稍微推辞了一下，就弹起琴来。其实[qíshí]，相如知道卓王孙有个女儿叫文君[Wénjūn]，刚刚死了丈夫。文君喜欢音乐，所以相如故意用琴声来挑逗[tiǎodòu]她。

卓文君也早就听说过司马相如的风度。相如在酒席[jiǔxí]上弹着琴，文君就在窗外偷偷地看着，心中爱慕[àimù]，但想着相如不会看中[kànzhòng]自己。她没想到，酒席之后，相如就让人买通[mǎitōng]了她的侍从[shìcóng]，向她表达了爱慕之意。

3-1　才子佳人

晚上，文君就和相如一起私奔[sībēn]，坐车到成都[Chéngdū]去了。

思考和练习：

1. 卓文君为什么喜欢司马相如？

2. (a. 门当户对　b. 郎才女貌)是传统常见的两种理想婚姻形式。卓文君和司马相如的故事属于其中哪一种形式？

3. 现代女性理想的丈夫是怎样的？

注释：

(1)《史记》：西汉历史学家司马迁(约前 145—?)所写的史书。记载了公元前 87 年以前三千多年的中国历史和传说。这部著作对中国后来的历史学、文学等有很大影响。

(2)司马相如：(前 179—前 117)西汉文学家。蜀郡成都(今四川成都)人。少时爱读书，学击剑。口吃而擅写作。曾任汉景帝(前 156—前 141 在位)的陪同武官。但他不愿做武官，称病离职。卓文君与他私奔后，因卓王孙拒绝资助，生活困难。他们后来返回临邛，卖酒为生。卓王孙经其他人劝说，给了他们很多仆人和钱财。汉武帝(前 140—前 87 在位)喜欢相如的文章，召为侍从官。后出使西南，与少数民族交往有功，却称病不再做官。

(3)临邛：今四川邛崃县。

§3.2　梁鸿和孟光　(《后汉书》)

梁鸿[Liáng Hóng]的人品[rénpǐn]很好，又有学问。很多有权势[quánshì]的人都想把自己的女儿嫁[jià]给他，但是梁鸿对她们都看不中。

孟光[Mèng Guāng]是个又黑又胖的姑娘，长得很难看。可是力气大，能把大石头举起来。这孟光在婚姻上也

3－2　鸳鸯与荷花象征稳定和谐的婚姻

是挑三拣四[tiāo sān jiǎn sì]，三十多岁了，还没有嫁人。父母着急，问她到底想找什么样的人，孟光说："我想找一个像梁鸿那样的。"梁鸿听说有这样一个姑娘，就托人去说媒[shuōméi]。孟家当然同意。于是孟光就开始准备嫁妆[jiàzhuang]，她的嫁妆都是劳动时用的衣服、鞋子、箩筐[luókuāng]等等。到了结婚这天，孟光把自己打扮了一下，就来到丈夫家。

可是结婚七天，梁鸿没有对孟光说一句话。孟光就跪下问梁鸿道："我听说您人品好，很多有权势的人都被您拒绝了。我也是拒绝了很多人，现在被您看中了。您有什么不满意的，能告诉我吗？"梁鸿说："我想娶[qǔ]的妻子，要能够和我一起住在山里，靠自己的劳动生活。你打扮得这么华丽[huálì]，跟我理想中的妻子差得太远了。"

孟光笑了："我就是要看看您的态度。我当然有粗布衣服。"说完，她就擦掉脸上的胭脂[yānzhi]，到厨房里炒菜做饭。梁鸿十分高兴："真是我梁鸿的妻子。"

思考和练习：

1. 梁鸿为什么喜欢孟光？

2. 现代男性理想的妻子是怎样的？

注释：

(1)《后汉书》:记载东汉历史的史书。南朝史学家范晔(398—445)著。

(2)梁鸿:东汉初隐士。扶风平陵(今陕西兴平)人。家中贫穷,但很有学问。与孟光结婚以后,隐居山中,不愿做官。孟光很敬重梁鸿。梁鸿为人帮工,每次回家,孟光送上饭食时都是"举案齐眉"——这后来成为一句成语。

§3.3 皇帝的姐姐 (《后汉书》)

光武帝[Guāngwǔdì]的姐姐湖阳公主[Húyáng Gōngzhǔ]刚死了丈夫。光武帝想给她重新找一位丈夫,就和公主谈论起各位官员[guānyuán]的情况。公主说:"宋弘[Sòng Hóng]这个人相貌[xiàngmào]出众[chūzhòng],人品好,又有学问。一般官员都不如他。"光武帝知道公主对宋弘有意思,就说:"那我给你想想办法。"

光武帝立刻派人把宋弘叫进皇宫[huánggōng],让公主坐在屏风[píngfēng]后面听他和宋弘谈话。光武帝试着问宋弘:"俗话[súhuà]说,升官[shēngguān]了,换朋友;发财[fācái]了,换老婆。这大概是人之常情[rén zhī cháng qíng]吧。"宋弘答道:"可是我听说的是这么一句话:贫贱[pínjiàn]之交不可忘,糟糠[zāokāng]之妻不下堂[táng]。"光武帝听了,回头向屏风后面叹[tàn]了一口气:"唉,事情办不成啦。"

3-3 “爱神”月下老人

思考和练习：

1. 光武帝对他姐姐的想法赞成不赞成？

2. 宋弘说的俗语“糟糠之妻不下堂”是什么意思？他是不是很爱他的妻子？

注释：

(1)《后汉书》：见§3.2注(1)。

(2)光武帝：(前6—57)东汉开国皇帝。名刘秀。在位期间(25—57)注意精简行政机构，加强文人行政职权，选拔知识分子为各级官吏，以巩固中央统治。

(3)宋弘：京兆长安(今陕西西安)人。光武帝时任主管建筑的官员。生活朴素，为人严肃。曾当面批评皇帝不应摆放画着美女的屏风。

§3.4 河神 （《酉阳杂俎》）

传说泰始[Tàishǐ]年间，有个人叫刘伯玉[Liú Bóyù]，他的妻子明光[Míngguāng]是个喜欢吃醋[chīcù]的女人。有一天，伯玉在妻子面前朗读了一篇赞美[zànměi]洛河[Luò Hé]女神的文章《洛神赋[fù]》。朗读完了之后，伯玉感叹地对妻子说："能有这样的女子做妻子，一个人就没有什么遗憾的了。"明光一听，立刻生了气："你想为了那个漂亮的河神把我扔在一边？我死了之后，难道就不会变成河神！"

这天晚上，明光真的就跳河了。明光死后七天，伯玉梦见了她。她对伯玉说："你不是想娶河神吗？我现在就是河神了。"从此以后，伯玉再也不敢过河了。

明光跳河的渡口[dùkǒu]，后来叫做妒妇津[Dùfùjīn]。长得漂亮的妇女要从这个渡口过河，都要换上破衣服，把脸涂[tú]得非常难看，然后才敢过河，否则河上就会有大风大浪。当然，长得难看的妇女即使[jíshǐ]穿得漂亮，过河时也不会有风浪。可是这些妇女又怕被别人笑话，所以过河时也都穿着破衣服，把脸涂得乱七八糟[luàn qī bā zāo]。

思考和练习：

1. 这个故事里描写了一个　a. 厉害的丈夫　b. 厉害的妻子。
2. 现代也有许多关于丈夫和妻子的笑话。这些笑话描写的丈夫或者妻子，和这个故事有什么不同吗？

注释：

(1)《酉阳杂俎》：唐代传奇和杂记文集。分类记载神鬼怪异故事。作者段成式(？—863)，齐州临淄(今山东淄博东北)人。家多藏书，博学而尤其精通佛经。

(2)泰始：(265—274)西晋年号。

(3)洛河：河南省的一条河。流经古都洛阳(参见§2.2注释)。

综合思考和练习：

1. 在祝贺结婚的贺卡上，常常有以下这些祝贺语词，请把空格中的字填上：

a. 永结__心　b. 心心__印　c. 百年好__

2. 请说明以下词语哪些表示好的意思，哪些表示不好的意思，并找出带点字的共同偏旁：

a. 委婉　b. 妨碍　c. 安静　d. 嫉妒

3. 一位朋友向你介绍他的妻子。如果你是(A. 男性　B. 女性)，你怎样向她致意是礼貌的？

a. 握手　b. 拥抱　c. 点头问好　d. 称赞她很漂亮

4. 给朋友的结婚礼物不能是

a. 闹钟　b. 手表　c. 雨伞　d. 扇子

5. 以下词语哪些表示“丈夫”？

a. 对象　b. 爱人　c. 先生　d. 老头子

6. 朋友们邀请一位男子去参加朋友聚会，可是他的妻子要他陪她上街买东西。如果他决定陪太太，他可能会怎样对朋友说？如果他决定去参加聚会，他可能会怎样对妻子说？

7. 把你们国家的男性、女性与中国的对比，有什么不同吗？

8. 当家庭的和谐与事业的成功产生矛盾的时候，(a. 男性　b. 女性)应该更重视家庭还是事业？实际上呢？

专题参考

一、思考和练习及注释

§3.1

1. 琴瑟之好，寓意缔结婚姻。《诗经》开篇即为“窈窕淑女，琴瑟友之”的《关雎》。张生为崔莺莺害相思病之际，也幸亏红娘提醒他“借得一阵顺风，将小生这琴声吹入俺那小姐玉琢成、粉捏就、知音的耳朵里去者。”[①]

2. 才子司马相如身穿短裤，和酒保佣工一起当街洗餐具的潇洒，在后世“才子”身上荡然无存。以爱情为题材的“才子佳人戏”中，男主人公基本上是酸溜溜的白面书生。即使现在，人们也不难回忆起 80 年代初的热门话题——“寻找男子汉”，以及 1992 年奥运会上，中国运动员“阴盛阳衰”现象(十六枚金牌中，男子仅得其二)所带来的讨论。据说，如果入学取分相同，北京市高中的男生可能仅占 1/4。[②]

3. 80 年代中期某次心理调查中，70%以上年青女性的择偶标准是“有男子汉气概，有事业心，善决断。”[③]对理想男性的这种理解，是“男主外”传统的翻版？还是表现出对“奶油小生”的厌倦？很值得回味一番。

§3.2

1. “郎才女貌”是传统婚姻的理想模式。但是谚语也说“丑妻是家宝”，说“娶妻娶德不娶色”，强调品德是首要的。历史上类似梁鸿的故事还有，如：丑女钟离春以其治国良策获得齐宣王(前 445—前 405 在位)的称赞，封为王后。[④]。诸葛亮(181—234)不理会乡人的讥笑，与他老师黄承彦那位难看但很博学的女儿黄正英(小名“阿丑”)结了婚。[⑤]

2. 男性的择偶标准倾向于传统色彩。80年代中期某次心理调查中，63%的年青男性的择偶标准仍是“贤惠、善良、相貌好。”[6]

§3.3

1. 光武帝为姐姐做媒，反映出当时妇女比较自由的婚姻状况。这种情况从汉代一直延续到宋代。如三国时期曹操将女文学家蔡文姬从匈奴赎回，蔡改嫁于董祀。南朝宋前废帝之姊山阴公主公开表示男可以多妻，女亦自可多夫。[7]在唐代，妻子因丈夫不得志、家贫而要求离婚再嫁者亦不在少数。宋代女文学家李清照在丈夫死后亦改嫁他人。宋代至清代，理学大力提倡贞节思想，女性改嫁日渐式微。

今天，中国的离婚率以每年10%的速度递增。对于“你的配偶有外遇，你怎么办?”这个问题，女性选择“离婚”者是男性的两倍。在离婚个案中，41.2%是协议离婚。[8]

2. 故事对宋弘的赞赏，更多是由于他对婚姻的责任感，而不是由于他对妻子的感情。

“男子汉气概”是女性心目中的理想，而在实际的婚姻生活中，“诚实”、“重感情”(即梁鸿和宋弘故事中的“人品好”)才是女性所要求的首要条件。在传统戏剧《铡美案》中，陈世美考中状元后遗弃了发妻秦香莲，与公主结婚，因此被包公问斩。“陈世美”也就成了“负心郎”的代名词。

西汉成书的《大戴礼记》曾规定，有以下三种情况，丈夫不能提出与妻子离婚，以使孝、信义和仁的精神在婚姻关系中得到贯彻：(1)夫妻同守三年丧；(2)先贫后富；(3)离婚后妻子无家可归。[9]此项规定的具体执行恐不如意，性与婚姻的观念，历史上有过数次变化。不过总的观念可概括为“合礼”。直到现在，许多青年男女领到结婚证后仍不承认自己结婚了。必大开酒宴，广告亲朋，才算完成婚礼。

§3.4

2."一般人通常认为中国旧社会传统上是以男性为中心，但若和其他国家比较，就可以知道中国称赞女性聪明的故事特别多。笨妻当然也有，但仅是在跟巧妇对比时才提到。丈夫很少能占上风，而且在家里经常受妻子的管束。"[10]即使故事的结局有时是妻子自杀（如本故事）或企图自杀（如《隋唐嘉话》中房玄龄妻喝下皇帝赏赐的"毒酒"[其实是醋]的故事），但是受嘲笑的仍然是她们的丈夫。直到现代，人们还在为惧内者创造"气（妻）管炎（严）"、"床头柜（跪）"之类的戏称。我们说，这类笑话或者戏称，多少有怂恿丈夫振作夫纲的色彩。不过在现代中国，由于城镇妇女普遍须参加工作，所以一项广州与香港妇女的对比调查认为，内地工作职位的性别差异小，妇女力求家庭与事业并重（半数以上香港妇女更重家庭），并与丈夫共同管教孩子（35％香港妇女须独力管教子女）。[11]

二、综合思考和练习

2. 值得注意的是，古代一些带有歧视女性色彩的汉字，逐渐地被淘汰了。如：

嬾→懒　　婬→淫　　媟嬻→亵渎　　媮→偷[12]

3. 无论男性还是女性，点头问好是最常见的，握手显得过于正式。拥抱即使在熟悉的同性之间也十分少见。和这位朋友比较熟悉的中年女性，可能会向他称赞他的妻子，并打趣地问"你们是怎么认识的"之类的问题。

4."钟"谐音"终"，"伞"谐音"散"，讲究避讳的人不会用它们作结婚礼物。

5. a 表示未婚。b 表示已婚。c 这种对丈夫的称呼在解放后一度少见于中国大陆，近年来受海外的影响，大城市中又逐渐流行。d 原是老太太对丈夫的称呼，有的年轻妇女也以此戏称自己的丈夫。

参考资料：

①《西厢记》，第 2 本第 4 折。

②汪永晨：《男人的困惑》，(《家庭》，1992 年第 7 期)第 28 页。

③李勇锋：《变革中的文化心态》(国际文化出版公司，1988)，第 81 页。

④《列女传》，卷 6。

⑤《三国志·蜀书·诸葛亮传》注引。

⑥《宋书·前废帝纪》。

⑦王建辉、易学金　主编：《中国文化知识精华》(湖北人民出版社，1991)，第 172 页。

⑧Wang Xingjuan：Divorce A New Factor in Chinese Society", "China Today", Vol. XLI, No. 8 (August 1992), pp50—51.

⑨《大戴礼记·本命》。

⑩丁乃通：《中国民间故事类型索引》(郑建成等译，中国民间文艺出版社，1986)，第 25 页。

⑪《人民日报》，1992 年 9 月 3 日，第 3 版。

⑫《说文解字段注·女部》。

第 4 讲
民以食为天
（饮食）

饮食，生存的基础。一个吃饱肚子的农民，传统上常常是幸福生活的象征（§4.1）。但饮食在中国不仅是生活必需，更是一种不能缺少的社交形式。酒是这种社交中重要的部分（§4.2）。

跟婚姻和性观念的严格限制相比，饮食文化在传统上显得活泼、生动、富有想像力。人们不仅夸张地描写自己喜爱的食物（§4.3），也仔细地体会着在饮食中得到的生活乐趣（§4.4）。

4－1　麦穗和稻穗围绕的国徽

§4.1 喝粥 （《郑板桥集》）

天寒地冻，如果有贫穷[pínqióng]的亲戚朋友来，可以先泡[pào]一大碗炒米[chǎomǐ]送到他的手中，再加上一小碟[dié]酱油腌[yān]过的姜[jiāng]。这样的食物最能让老人和穷人觉得暖和。

有空的时候，我常常煮一碗稠[chóu]粥[zhōu]。一边捧着碗缩着脖子喝热乎乎[rèhūhū]的粥，一边嚼[jiáo]着碎米饼。在刚下过雪的早晨，有这么一碗粥，全身上下都会觉得暖烘烘[nuǎnhōnghōng]的。

我真愿意做个农夫[nóngfū]，就这样过一辈子[yībèizi]。

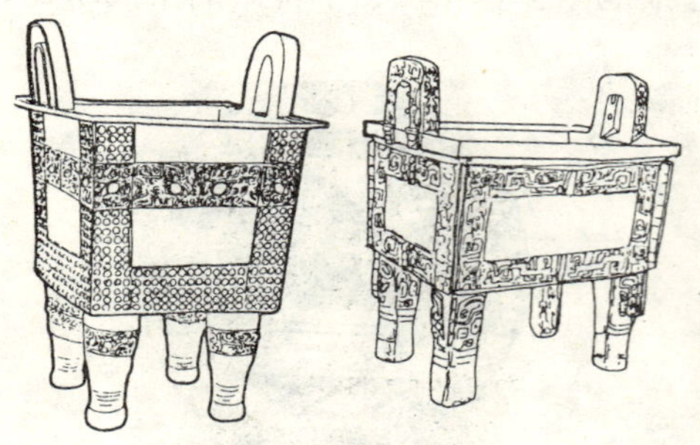

4－2 鼎：炊具→礼器→权力的象征

思考和练习：

1. 你吃过作者描写的食品吗？

2. 作者为什么愿意过农夫的生活？他希望一个农夫的生活是怎样的？

3. 作者认为________对他很有吸引力。(山珍__味/粗茶__饭)

注释:

(1)《郑板桥集》:清代书画家、诗人郑板桥(1693—1765)的诗文集。郑板桥,江苏兴化人。母亲早逝,家中生活贫困。他学成后曾任县官。后来辞职,住在扬州靠卖画为生。他画的竹子特别有名,诗词和书法也很有特色。

§4.2 "能吃"和"会吃" (《陶庵梦忆》)

我家祖先[zǔxiān]本来是很能喝酒的。可是到了我父亲这一代,却一滴酒也不沾[zhān]。就是吃一点加酒糟[jiǔzāo]的食品,脸也要发红。所以不管是家常便饭[jiācháng biànfàn]还是请客,我们家都只注意烹调[pēngtiáo]的技术。一道菜端上来,我父亲和我叔叔总是狼吞虎咽[láng tūn hǔ yàn]地吃得干干净净,根本不动放在旁边的酒杯。而且他们吃饱了就起身[qǐshēn]离开,也不陪那些正在喝酒的客人。

父亲的朋友张东谷[Zhāng Dōnggǔ]是个酒徒[jiǔtú],每次来我们家吃饭,都觉得不尽兴[jìnxìng]。有一天吃完饭后,他对我父亲说:"你们两兄弟真能吃,也不管饭菜好吃不好吃;只要是酒就不喝——真不知道你们会吃不会吃!"

思考和练习:

1. 张东谷喝酒有____,所以作者叫他"酒徒"。(海量/肚量)

2. 张东谷说"真不知你们会吃不会吃"的意思是什么?"会吃"

和“能吃”有什么不同？

3. 为什么张东谷觉得在作者家吃饭“不尽兴”？根据这个故事，请客吃饭，应该注意什么礼节？

注释：

(1)《陶庵梦忆》：明末清初文学家张岱(1597—？)的散文集。张岱，山阴(今浙江绍兴)人。一生喜爱旅游。长期住在杭州。清朝建立后，他隐居山林著书。写有不少怀念明朝的散文。

§4.3 螃蟹 (《闲情偶寄》)

对每一种食品，我都能评论一番[fān]，而且每一番评论都能有一番丰富的想像。只有对螃蟹[pángxie]这东西例外[lìwài]。虽然我几乎天天都要念叨[niàndao]它，吃到嘴里更觉得鲜美[xiānměi]无比[wúbǐ]，可是问我为什么对它这么馋[chán]，为什么竟一天也忘不了它，那我真是没有办法回答。

螃蟹这东西，可以说是天地之间的一种怪物[guàiwù]，可对我来说，却是最爱吃的一种东西。我这一辈子都爱吃螃蟹。每年螃蟹还没有上市[shàngshì]，我就开始准备专门买螃蟹的钱。家里人都笑我把螃蟹看得比命还重要，我也就干脆[gāncuì]把买螃蟹的钱叫做“买命钱”。从螃蟹上市的第一天到最后一天，我一顿饭都少不了它。同事[tóngshì]、朋友都知道我喜欢吃螃蟹，所以都在这段时间请我的客。于是，我就把每年的九月、十月叫做“蟹秋”。以前我家还有个婢女[bìnǚ]，很会做螃蟹，我把她叫做“蟹奴”。可惜[kěxī]现在她已经走了。

螃蟹呀螃蟹，你大概要陪我一辈子啦！

4－3　关于秋天的画

思考和练习：

1. 螃蟹和其它动物看起来有什么不一样吗？作者为什么说它是一种怪物？

2. 作者有没有谈自己为什么爱吃螃蟹？

3. 你最喜欢吃什么？你能不能评论一番？

注释：

(1)《闲情偶寄》：清代作家李渔(1611－?)的一部诗文集。李渔，浙江兰溪人。少年游历四方，结交名士。晚年住在杭州西湖旁。他擅长写通俗文学，尤其是小说戏曲。

§4.4 不亦快哉 （《圣叹全集》）

春天的晚上，和几位豪爽[háoshuǎng]的朋友一起畅饮[chàngyǐn]。喝到半醉[zuì]的时候，想放下酒杯不喝，觉得还没有尽兴，想再喝，又喝不下。旁边一个机灵[jīlíng]的童仆[tóngpú]见到这情形，找来了十几个大鞭炮[biānpào]。于是大家一窝蜂[yīwōfēng]跑到外边放鞭炮去。香喷喷[xiāngpēnpēn]的硝烟[xiāoyān]味儿自鼻入脑，令人感到全身都舒畅[shūchàng]。不亦[yì]快哉[zāi]！

夏天，用朱红[zhūhóng]的木盘端上碧绿[bìlǜ]的西瓜，拔出凉嗖嗖[liángsōusōu]的快刀，一刀破开。不亦快哉！

冬天的夜里，独自[dúzì]一个人喝着酒。喝着喝着，觉得身上越来越冷。推开窗户一看，嗬[hè]！满天的鹅毛[émáo]大雪。地上的雪已经有三、四寸厚了。不亦快哉！

吃完饭没事儿，到市场上闲逛[xiánguàng]，见到一件小玩意儿[wányìr]，和自己衣袋里装着的小玩意儿一模一样[yī mó yī yàng]，便想再买一只。和卖玩意儿的小贩[xiǎofàn]讲价讲了半天，价钱[jiàqian]就差一点，可是小贩再也不肯降价了。于是把衣袋里的那只小玩意儿掏出来扔给小贩。小贩笑了，一拱手[gǒngshǒu]，连说“不敢”。不亦快哉！

思考和练习：

1. 作者喝酒的时候喜欢怎样的气氛？

2. 西瓜的味道怎样？

3. 作者把小玩具扔回给小贩时，他的心情怎样？

4. 你比较喜欢哪一个“不亦快哉”？

注释：

(1)《圣叹全集》：清代文学评论家金圣叹（？—1661）的文集。金圣叹，长洲（今江苏苏州）人。他曾对一些著名的古典著作和小说、戏曲进行评论性注释，常有奇特新颖的见解。他有关于人生快乐时刻的“不亦快哉”三十三则。本文是从中选出来的四则。

综合思考和练习：

1. 本专题的标题是“民以食为天”。这里“天”的意思是什么？

2. 在以下两组词中，找出带点字的共同偏旁：

a. 糟糕　精致　粗大　　b. 立即　既然

3. 请写出“医”字的繁体字，看看它和以下哪一个字有共同偏旁：

a. 饭　b. 菜　c. 酒　d. 肉

4. 以下词语的比喻义是什么？

a. 咀嚼　b. 回味　c. 饭桶　d. 饭碗

5. 中国朋友邀请你星期天去他家作客吃晚饭，你觉得应该带什么礼物去吗？如果你想带，你会带：

a. 一束花　b. 一瓶酒　c. 一盒点心　d. 买的或自己做的一道菜　e. 其它

6. 中国有哪些食品给你留下深刻的印象？你最不习惯哪些中国食品？为什么？

7. 中国人的饮食习惯和你们国家的有什么不同吗？

8. 中国菜在你们国家受欢迎吗？你们国家的中国菜和你在中国吃的味道一样吗？

专题参考

一、思考和练习及注释

§4.1

1. 古代食粥的习俗主要基于三种情况：[①]

(1)家里贫穷。熊掌燕窝是富贵奢华的象征，薄粥咸菜是贫穷困苦的象征。《红楼梦》的作者曹雪芹描写自己的贫穷生活时就说："举家食粥酒长赊"。

中国人的一般习惯是早上喝粥，午、晚吃饭，但笔者自己在夏天的晚餐也喜欢喝粥，有位朋友见了竟睁大眼睛问道："喝粥啊？你没那么穷吧！"

(2)饥荒之年赈济灾民(见 2 所述)。

(3)养生。如清代曹庭栋、黄云鹄等均著有所谓《粥谱》，以粥为药膳，详细列有几百种粥的配制方法和对米、水、火候的要求。还有关于适宜喝粥的人、适宜喝粥的时间等说明。

2. 郑板桥在山东潍县做官时，当地曾发生饥荒，他立即下令有钱人家开粥场赈济灾民，家里囤积有粮食的则一律平价卖粮，因此救活许多百姓。他却得罪上司，罢官归里。[②]正因为有这种经历，他知道"吃不饱，穿不暖"的社会就是个糟糕的社会，而农夫"丰衣足食"，则是太平盛世的象征。

历代政府何尝不知道"食"的重要。郦食其劝刘邦夺取敖仓藏粮时就说："臣闻知天之天者，王事可成；不知天之天者，王事不可成。王者以民人为天，而民人以食为天。"[③]70 年代，毛泽东著名的战备口号"深挖洞，广积粮，不称霸"就是化自曹操类似的一句话。

1991 年夏季的华东水灾之后，中国国务院总理召集受灾省市领导开会，说的也是“手中有粮，心里不慌”这句老话。

§ 4. 2

2. “能吃”形容一个人食量很大。常带有嘲笑的意味。“会吃”则是指讲究饮食的美食家。

英语 gourmand 一词兼指贪吃的人和讲究饮食的人，gourmet 则指食品（特别是酒类）的鉴赏家（两词均来自法语）。如果我们开玩笑地说，张东谷对作者父亲两兄弟的评价，也许更接近于两个英语词的区别：这两兄弟只能算是 gourmand 而算不上是 gourmet。

3. 请客吃饭，主要是为了表示彼此的联系。在北方农村，“认识”一词常被“在一个桌上吃过饭”所代替。谦让是宴席礼仪的主旋律，所以主人会一面抱歉“没有什么好菜”，一面不断地为客人夹菜。而客人在主人要为他添饭、添酒时，则常常推辞。另外，客人如果喝酒，主人例应陪客人喝。如果有客人还没吃完，主人应陪着，并招呼客人“慢慢吃”。如果主人不能喝酒，最好请一位会喝酒的亲戚朋友陪客人。例如湖南湖北一带，现在的婚宴上仍然有“陪上亲”（男方由专人陪女方亲友喝酒）的规矩。

§ 4. 3

1. “无肠公子”、“横行介士”，这是人们给螃蟹的雅号。传说 1976 年秋天“四人帮”倒台时，北京城内家家争买三公一母四只螃蟹大快朵颐，以寓“看你横行到几时”之意。

即使是鸡爪、鸡舌、鸭蹼、鱼唇之类的边角料，中国人也会在“食不厌精”和“物以稀为贵”的饮食理论指导下，把它们设计成上菜。不过，中国人对食物的夸张和想像，更体现在五花八门的菜名上：

狗不理（包子）、蚂蚁上树（加有芝麻的面条）、棒打和尚（豆角炒土豆）等等颇有幽默感；佛跳墙（熬得很浓的海味杂烩羹）、西施舌（贝类做成的菜）、天下第一菜（锅巴汤）则略显夸张，而年饭婚宴上尤其少不了连年有余(莲藕炖鲶鱼)、龙虎凤(用蛇、猫、鸡烩成)、发财就手(发菜炖猪肘子)之类有着喜庆吉祥意味的菜式。

当然,我们不要忘记,“食疗”、“药膳”之所以能发展为中医的重要组成部分,和中国人对饮食的想像力也是分不开的。

3. 林语堂在小说《京华烟云》中描写一个书香门第的中秋宴会,替李渔回答了吃螃蟹的乐趣所在:“全家人人都喜爱的一餐,没有胜过一桌螃蟹席的了。每逢吃螃蟹,总是热热闹闹的。一点儿不错,螃蟹是讲究美食的人最贪最迷的东西,香味、形状、颜色,都异乎寻常。……但是另有一种令人兴奋的理由就是吃螃蟹不同于吃别的饭那样由仆人伺候,由仆人端送,而是每个人都得自己忙,自己动。吃螃蟹本身倒还不如准备吃。那份儿忙乱热闹有趣,经过自己一阵子忙乱,就使每一口螃蟹吃到嘴里越发觉得味美。”④

在国画中常可以看见螃蟹与菊花、温酒壶画在一起。这是文人雅士的象征——持蟹赏菊度中秋。

§4.4

1. 中餐的宴席通常是热闹和敞亮的。爱喝酒的人们高声谈笑,并且猜拳行酒令,渲染气氛,同时也藉以使酒精尽快挥发。传统的饮食卫生习俗尤其反对在心情不好时喝闷酒。自斟自饮虽是一种乐趣,但人们还是更喜欢与亲朋好友畅饮。甚至诗人在独酌时也要“举杯邀明月,对影成三人”(李白《花间独酌》)。

2. 作者并没有谈西瓜的味道,但是,西瓜与木盘明快的颜色对比、西瓜刀的冰凉、锋利,产生了通感效果,使人联想到西瓜的爽脆甘甜。汉语中与味觉有关的通感词语,如:香甜(睡觉)、辛辣(文章)、寒酸(生活)、苦涩(心情)等。

3. 饥饿时,由于体内血糖含量低,使人烦躁易怒。酒足饭饱之时,人们则会产生一种怡然自得的满足感。中医养生学十分重视提醒人们利用饭后的这种心情,故有“饭后百步走,活到九十九”之说。饭后散步的好处不仅在于锻炼和消食,还在于使人充分享受一种从容闲适的心境。

二、综合思考和练习

1."天"在此成语中的意思大约相当于英语中的 God,Heaven。

中国的神不像希腊奥林匹斯山上诸神那样有七情六欲,惟有饮食这方面,中国的神却当仁不让。祭祖、祭天之"祭",就是"从示,以手持肉。"[5]腊月二十三,在灶王爷嘴上涂点儿蜜糖、粘糕,人们就深信灶王爷会"上天言好事"了。[6]

话又说回来,"民以食为天"这句成语与神们无关,它体现的是中国人的务实和对农业的重视。中国的饭桌上,没有感谢上帝赐予饮食的"主祷文(The Lord's Prayer)",而有感谢农夫辛勤劳动的《悯农诗》:"锄禾日当午,汗滴禾下土;谁知盘中餐,粒粒皆辛苦"(唐代李绅作)。中国人小时候大都背诵过这首诗。还有一句类似的谚语是:"一粥一饭,当思来之不易;半丝半缕,恒念物力维艰。"曾有人开玩笑地说,这句谚语可以做中国人的"主祷文"了。

基督教文化注意培养儿童虔敬上帝的宗教思想,中国传统则注重培养儿童对生活的勤俭精神。

2. a. 米:农业社会的传统给汉语描写事物性质的词语打上的烙印。类似的词语还有:糟粕;纯粹;糊涂……

b. 艮:古代汉字中表示一种食器。"即"字像一个人(→卩)跪在食器旁就餐,表示"来到";"既"则像一个人在食器旁回头打着饱嗝(→旡),表示"结束"。

3. 酉:"医"的繁体字与"酒"的共同偏旁,一种酒器的形状。据说"酒所以治病也。"[7]现在一些常用字中也还有"酉"字,如:

尊:手举酒樽→尊敬;　　酬:主人向客人敬酒→报酬;

酷:酒味厉害→冷酷。

5. 点心、水果都是常见的礼物。花、酒或饮料大城市也渐渐为人们接受。而每人自备一两样菜也成为一些年轻朋友参加聚会的方式。

参考资料：

①王建辉、易学金　主编：《中国文化知识精华》(湖北人民出版社，1991)，第408页。

②《史记·郦生陆贾列传》。

③《清史稿·郑燮传》。

④林语堂：《京华烟云》(时代文艺出版社，1987)，第254页。

⑤《说文解字·示部》。

⑥宗力、刘群　编：《中国民间诸神》(河北人民出版社，1986)，第260—261页。

⑦《说文解字·酉部》。

第5讲
富贵浮云
（名利）

在实际生活中，“钱”是必需的。人们不能不佩服那些聪明的商人（§5.1）。不过，更多故事却是提醒人们要小心“钱”的害处。例如，有钱人往往避免不了灾祸（§5.2），不愿意花钱的有钱人总是被写进笑话（§5.3）。同有钱的人一样，有名的人也常常是十分可怜、可笑的（§5.4）。

这些故事和其他民族的故事有很多相似的地方。那么，在这些故事中，中国人对“钱”和“名”又有没有一些特别的看法？

§5.1 一文钱 （《点石斋画报》）

广东某县有甲[jiǎ]、乙[yǐ]两人，从小[cóngxiǎo]就是好朋友。他们攒[zǎn]了些钱，来到省城[shěngchéng]谋生[móushēng]。可是运气不好，他们在省城找不到工作，没有多久，钱就花光了。

这时正是除夕[chúxī]，他们呆在一个小旅馆里。乙摸出剩下的最后一文钱，唉声叹气[āi shēng tàn qì]地说：“家都回不去了。一文钱，唉，留着有什么用。”说着扬

[yáng]手就要扔掉。甲突然抓住乙的手说:“别扔,这一文钱就是大本钱[běnqian]!”乙苦笑[kǔxiào]了一下。甲说:“现在是除夕,家家户户都在杀鸡杀鸭准备过年,街上一定有很多鸡鸭毛和碎纸片。你帮我一块儿去捡,自然有用。”

不一会儿,他们就捡回来了一大堆。甲用那一文钱买了一点面粉[miànfěn]调[tiáo]成浆糊[jiànghu]。他们花了一个晚上,用这些鸡鸭毛和碎纸片粘成一百多只玩具[wánjù]小鸟。春节一大早,两人就带着他们的作品来到街上。孩子们见了,都争着要买。傍晚的时候,一百多只小鸟都卖光了。一算,竟卖了两千多文。从此,两人晚上做,白天卖,没过一个月,攒下了一百多两银子。

他们开了一家专卖儿童玩具的商店,店名就叫“一文钱”。

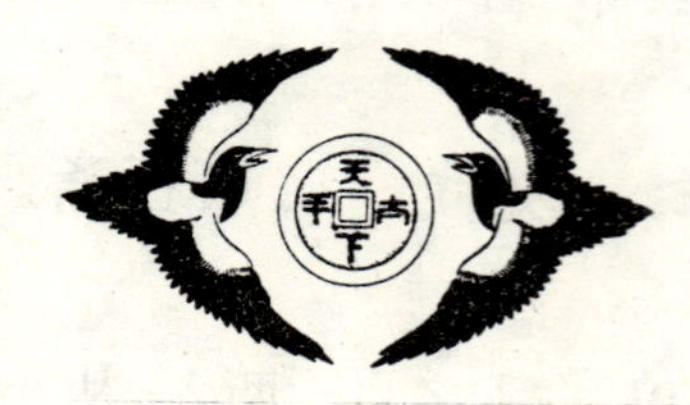

5-1 “喜”在“眼”前

思考和练习:

1. 这两个商人是哪里人?

2. 请你总结一下他们的“生财之道”。

3. 如果你有钱做生意,你希望自己一个人做,还是和朋友、亲戚或其他人合作？

注释：

(1)《点石斋画报》：1884年—1898年发行的石印画报。旬刊，每期八幅，随上海《申报》附送。内容多是时事、社会生活、科学发明等。由吴友如等人绘制。

这个故事来自清末许承恩所著笔记小说《里乘》，原是两个徽州（今安徽南部）商人在苏州的故事。

§5.2 火灾 （《拾遗记》）

糜竺[Mí Zhǔ]是个大商人。他善于预测[yùcè]行情[hángqíng]，所以十分有钱。传说他的院子里到处可以捡到像鸡蛋那么大的珍珠[zhēnzhū]。

一天晚上，糜竺听见他的马棚[mǎpéng]旁边传来哭声，就顺着声音找去。只见一个妇女光着身子走过来，对糜竺哭道："西汉末年[mònián]，土匪[tǔfěi]挖开了我的坟墓，抢走了我的衣服。我光着身子埋在地下，到现在已经两百多年了。求您给我一件破衣服，把我重新埋起来。"糜竺立刻回家，叫人买来衣服、棺材[guāncai]，挖好坟墓，把那妇女的尸骨[shīgǔ]重新埋好。

过了一年多，几位穿着青色衣服的孩子来到糜竺家，对他说："您家要遭一次火灾[huǒzāi]，财物[cáiwù]都要被烧光。不过老天爷没有忘记您做的好事，所以派我们来救灾[jiùzāi]，使您的财物可以保留一部分。"

糜竺一听，赶紧让人在仓库[cāngkù]周围挖沟，在沟里放满了水。谁知道十几天以后，火却从仓库里面烧了起来。火越烧越大，眼看[yǎnkàn]糜竺的财物十之八九都烧成了灰。这时，只见几十个穿着青色衣服的孩子在天上用青色的云灭火。云所到之处，火就立刻熄灭[xīmiè]了。

救完了火，那些孩子又告诉糜竺："您应该养一些鹳[guàn]之类的鸟，用来防止火灾。"于是糜竺买了几千只水鸟，养在池塘[chítáng]里。他感叹道："人的一生，财产[cáichǎn]是有限[yǒuxiàn]的。不能贪得无厌[tān dé wú yàn]，不然就会惹祸[rěhuò]的。"

5-2 财神的形象

思考和练习：

1. 为什么糜竺做了好事，他家仍然遭受火灾？

2. 糜竺家里被火烧了之后，他做了什么事情？

3. 糜竺是一个________的商人。（为富不__/乐善好__）

注释：

（1）《拾遗记》：记载奇异事物的故事集。作者王嘉（？一约390），东晋时陇西安阳（今甘肃渭源）人。他长相难看，举止言行滑稽，常作预言。深居山中，不愿与人交往。后来因统治者不喜欢他的预言，就把他杀害了。

§5.3 吝啬鬼 （《笑林》）

汉代，有一个老人，年老无子，可是非常有钱。他穿的是破衣服，吃的是粗茶淡饭[cū chá dàn fàn]，每天天不亮就起床，天黑了才休息，辛辛苦苦经营着产业[chǎnyè]。他对钱财[qiáncái]贪得无厌，自己却从来不舍得[shěde]用。

这老人自己很俭省[jiǎnshěng]，对别人更吝啬[lìnsè]。有人求他借一点钱，他被求得没有办法，只好进屋去，拿了十个铜钱[tóngqián]，一边往外走，一边把钱一个个放回另一只手上。等到出来的时候，这只手上只剩下五个铜钱了。老人眼睛一闭，把五个铜钱递过去，口里嘱咐道："我把家里的东西都借给你啦！你千万不要对别人说，不然，别人也学着你的样子来找我了。"

不久，老人死了。他的田地、房子和财物全部充公[chōnggōng]了。

思考和练习：

1. 故事嘲笑老人的____。（小气/大方）

2. 你需要钱的时候，会向好朋友、亲戚或者同事借吗？他们会借给你吗？

3. 你认为老人应该怎样处理他的财产？a. 在当时　b. 在现代

注释：

(1)《笑林》：笑话故事集。作者邯郸淳，三国时期魏国颖川（今河南许昌）人。博学多才，写作神速。《笑林》一书对后来中国的讽刺文学有很大影响。

§5.4　名气　（《宗子相集》）

现在的所谓"名气"是什么？

整天等候在权贵[quánguì]门前，偷偷给那爱理不理的仆人[púrén]塞[sāi]些钱，好容易让仆人接过自己的名片进去通报了。可是虽然是通报了，要主人见你却没那么容易！这位进去以后，也只能呆在臭烘烘[chòuhōnghōng]的马棚里。一直到日落西山，仆人才出来，告诉他："主人累了，您明天再来吧。"

第二天敢不来吗！半夜就披着衣服坐了起来。鸡一叫，赶紧起床，骑上马直向那位权贵的家奔[bēn]去。到了门前，仆人却喝[hè]道："岂有此理[qǐ yǒu cǐ lǐ]，哪有这时候见客人的！"

"没办法，请您先让我进去吧。"好容易，这位才又被带到那马棚里。

终于，主人出来了。这位诚惶诚恐[chéng huáng chéng

kǒng]跪在台阶[táijiē]下。主人说："进来吧。"这位又拜了两拜，才受宠若惊[shòu chǒng ruò jīng]地站起来，送上给主人的礼物。主人当然再三[zàisān]推辞[tuīcí]，这位也当然再三坚持。最后主人让仆人把礼物接了过去，这位于是又跪下拜了两拜，站起来又作了五六个揖[yī]，才退出来。

于是这位在回家的路上，遇见认识的人，就挥着马鞭[mǎbiān]对人说："刚从相公[xiànggong]家来。相公对我太好了，太好了！"

经过他自己一番添油加醋[tiān yóu jiā cù]，再加上那个权贵有时也对人说："这位不错，不错。"于是认识"这位"的人也都对他肃然起敬[sù rán qǐ jìng]了。

这就是现在的所谓"名气"！

5－3 "富贵花"牡丹

思考和练习：

1. 作者为什么写"这位"？他对"这位"很____。(a. 同情　b. 讨厌　c. 尊敬　d. 喜欢)

2. 权贵接见了"这位"之后，人们对"这位"很____。(a. 同情

b. 讨厌　c. 尊敬　d. 喜欢）

3.“这位”是一个_________的人。（沽名钓誉/见钱眼开）

4. 你觉得，像“这位”的人现在多不多？

注释：

(1)《宗子相集》：明代宗臣(1525－1560)的文集。宗臣，扬州兴化(今江苏兴化)人。曾任主管司法、刑律的官员。后来因得罪当时掌握大权的奸臣严嵩，被派往福建任地方官。本文选自他的一篇著名的文章《报刘一丈书》。

综合思考和练习：

1. 找出带点字的相同偏旁，为什么这些字都有这个偏旁？

权贵　称赞　贬值　贫穷

2. 找出汉语和英语有关金钱或地位观念的相应谚语：

1)有钱能使鬼推磨。　　a. Money makes the mare go.

2)来得容易去得快。　　b. Beauty is but skin deep.

3)人不可貌相。　　c. The tailor makes the man.

4)佛靠金装，人靠衣装。　　d. Easy come, easy go.

谈谈你对以上谚语的看法。

3. 你辛辛苦苦工作了十年，积累了很大一笔钱，你会马上用其中70%去____。

(a. 旅游　b. 找可靠的项目投资　c. 买彩票　d. 存银行)

4. 如果以上这笔钱是意外得到的收入(比如彩票中奖)，你会作出哪一种选择？

5. 你最崇拜(喜欢)哪位有名的人？你曾经要求有名的电影演员、作家、政治家或者运动员为你签名留念吗？

6. 你喜欢看名人传记吗？如果喜欢，是哪一类人的传记？

7. 要获得事业的成功，和上司保持良好的关系是否重要？

专题参考

一、思考和练习及注释

§5.1

1. 林语堂曾这样评价中国历史上的地域文化差异："北方人基本上是征服者，而南方人基本上是商人。"[①]华北民间则流传着"南蛮子眼毒"的俗语，认为在一般人看来不值钱的东西，南方人能看出是稀世珍宝。[②]

明清时期的两大商人集团，一为山西商人，一为徽州商人。[③]清代后期，闽南、广东的商人集团对中国经济的发展开始产生越来越多的影响。[④]"一文钱"的传说，从徽商故事变成了粤商故事(见§5.1注1)，反映着商人集团势力的这种南移。

2. 新年伊始，也是中国人最爱谈论发财的时候。除夕的饺子在一些地方被称为"财神元宝"，正月初一的"接财神"(贴财神像)，在南方至今流行。[⑤]不少地方，"恭喜发财"是新年的问候语，长辈则要给孩子"压岁钱"。

中国人以"士农工商"划分社会等级，但司马迁早就说过，"富者，人之情性，所不学而俱欲者也"，而"用贫求富，农不如工，工不如商。"秦汉时的"治生者"(商人)把战国时的商人兼政治家白圭看成自己的鼻祖。[⑥]白圭"乐观时(等待)变"、"人弃我取，人取我与"的经济思想，足以作为"一文钱"故事的注脚。

§5.2

1. 中国历史上，商人阶层一直受到轻视和抑制。

受到轻视和抑制的原因，除了人们认为商人"为富不仁"、"无商不奸"之外，还关系到传统对财富的观念。这种观念包括两个方面：

(1)财富平均是天之道。孔子说:“有国有家者,不患寡而患不均”,“均无贫”。[7]老子批评“损不足以奉有余”的“人之道”,认为“天之道,损有余而补不足。”[8]《水浒传》中劫富济贫的好汉们就在旗号上写着“替天行道”。农民起义的领袖常自称“铲平王”,取“铲除不平”之意。[9]

在《圣经·约伯记(Job)》中,富翁约伯遭到魔鬼撒旦(Satan)和上帝的考验,家破人亡。只因他始终保持对上帝的信心和虔诚,所以最终得到上帝赏赐与从前一样多的儿女和双倍于从前的财富。而在糜竺的故事中,糜竺遭到灾难只是因为他的财产过多——财产过多则必受天道的惩罚。糜竺也没有像约伯那样得到任何补偿,他唯一的幸运仅仅是“破财挡灾”而已。

(2)获得财富只是暂时的运气——这是从“天道均贫富”产生的意识。汉语中不乏“运去金似铁,时来铁成金”之类的谚语。或许因为这个原因,中国汉族民间故事很少寻宝致富的类型。致富者也少见有西方那样的狂喜,更多的是“常将有日思无日,莫待无时想有时”、“由俭入奢易,由奢入俭难”之类的警惕和“积善之家必有余庆,积不善之家必有余殃”的告诫。由于惯用家庭财产均分继承制,财产平均地分配给兄弟,所以即使从事大规模经营的富裕农家,数代之后也大都成为小佃农。[10]“穷不过三代,富不过三代”的谚语就是说的这种情形。

2.鹳为水鸟。喜欢在屋脊上筑巢。故在古代被视为防止火灾的吉祥之鸟。清代扬州有一个官员曾纵容奴仆射杀鹳鸟。后有鹳鸟衔火焚烧县里的建筑,该官员因此被罢官。[11]

§5.3

2.老人的吝啬,应了中国一句谚语:“刻薄成家,理无久享。”

西方人对“健忘”的定义是“把钱借给朋友的后果。”[12]但在中国的朋友之间,通财之谊十分普遍。金圣叹在他的“不亦快哉”三十三则里,就有这样一则:“寒士来借银,谓不可启齿,于是唯唯亦说他事。我窥见其苦意，拉向无人处，问所需多少。急趋入内，如数给与，然而问其必当速归料理是事耶，为得尚少留其饮酒耶？不亦快哉！”

3. 老人无儿无女，他的吝啬在中国人看来是徒劳而可笑的。因为中国父母的辛劳工作，大都是为了他们的孩子。虽然有识之士也提醒父母们说：“儿孙自有儿孙福，莫为儿孙做马牛。”不过，“可怜天下父母心”，为儿孙做牛做马仍是人之常情，就像广东一句谚语说的：“牛耕田，马食谷；老窦（父亲）赚钱子享福。”

§5.4

4.“这位”在英语中的近义词大概是 name - dropper。美国人还把喜欢和总统或其他名人一起上镜头亮相的政客称为 velcro。我也想起在欧美被称为 paparazzo 的喜欢偷拍名人生活照片的摄影师们——相信“这位”一定会珍藏这些摄影师的作品。

二、综合思考和练习

1. 贝：直至周代，仍有仿贝壳形状的铜制货币。现在的常用汉字还有如：货物、费用、赢得、称赞、责任……

7. 1992 年的一本美国畅销书中，父亲对他即将上大学的儿子提出这样的忠告：“永远不要说发你薪水的人的坏话。”[13]80 年代中期以来，中国的书摊上也不乏题为“怎样赢得上司的好感”之类的社交术著作。然而，调查显示，“奉承”是人们最厌恶的为人方式。[14]这一调查还显示，有 45.4%的人认为他人是靠“奉承”搞好人际关系的，而只有 4.8%的人认为自己是这样的。不过，由于忌讳被看成“巴结”、打小报告”、“拍马屁”、“趋炎附势”，上下级之间的正常交往也往往受到阻碍。

参考资料：

① 林语堂：《中国人》（郝志东、沈益洪译，浙江人民出版社，

1988),第4页。

②直江广治:《中国民俗文化》(王建朗等译,上海古籍出版社,1991),第131—132页。

③余英时:《士与中国文化》(上海人民出版社,1987),第535页。

④坂元宇一郎:《面相与中国人》(李奇编译,学林出版社,1989),第90—91页。

⑤燕仁:《中国民神66》(三联书店,1990),第230页。

⑥《史记·货殖列传》。

⑦《论语·季氏》。

⑧《老子》,77章。

⑨封祖盛、林英男:《开放与封闭》(河北人民出版社,1987),第296页。

⑩同②,第109—122页。

⑪周学肃:《古今怪异集成》(中国书店,1991),下编,第5—6页。

⑫卡里·布罗茨基:《当代魔鬼辞典》(莫雅平选译,《魔鬼辞典》,漓江出版社,1991),第251页。

⑬《读者文摘》,1992年第10期,第16页。

⑭沙莲香:《中国民族性(二)》(中国人民大学出版社,1987),第204页。

第6讲 礼尚往来（交际）

名利，使人们相互的关系越来越冷淡。要保持重视“人情”的传统，人们需要“礼”：即使你是有名的人，即使你是在家里，规定的礼节也必须遵守（§6.1）；在外面，对答应别人的事情更要说到做到（§6.2）。困难的时候，得到了别人的帮助，不能忘记报答（§6.3）。如果你能够原谅别人做错的事情，别人也会在你困难的时候报答你（§6.4）。

§6.1 孟子休妻 （《韩诗外传》）

孟子的妻子做完家务[jiāwù]，回到屋里休息。她伸开两腿坐在席子[xízi]上，想舒展[shūzhǎn]一下疲乏[pífá]的身体。

正在这时，孟子一步跨进门来。他一眼看见妻子坐在席子上的样子，立刻气呼呼[qìhūhū]地转身走出门去。

孟子找到母亲，开口就是一句：“妈，我的妻子不懂礼貌，请您允许我休[xiū]了她。”

母亲问：“出了什么事情？”

“她伸开两条腿坐在席子上。”孟子还是气呼呼的。

“你怎么知道？”

孟子振振有辞[zhèn zhèn yǒu cí]地说：“我进里屋的时候看见了。”

母亲喝住孟子：“这是你不懂礼貌，怎么是她不懂礼貌！《礼记》上不是说得清清楚楚吗：‘进大门的时候，先问一声谁在里面；进大厅[dàtīng]的时候，先大声打招呼；进房门的时候，眼睛向下看着地面。’这就是说，在别人没有准备的时候，不能突然进去。你的妻子一个人在房间里休息，你进门也不打招呼。这是不对，怎么能怪妻子。”

孟子听了母亲的话，惭愧[cánkuì]地低下头，不说话了。

思考和练习：

1. 孟子为什么对妻子不满意？
2. 在中国朋友家做客的时候，你是否注意到什么特别的礼节？
3. 在你的家乡，做客时应该注意什么礼节？

注释：

(1)《韩诗外传》：西汉学者韩婴著。韩婴，燕（今河北、辽宁一带）人。《韩诗外传》是他解释中国古代诗歌集《诗经》的著作。其中引用了不少传说故事。

(2)孟子：见§2.1注(2)。

(3)《礼记》：儒家重要著作之一。一般认为成书于汉代。其中记载和论述了政治制度、家庭、社交礼仪、处世哲理等一系列儒家关心的问题。

§6.2 土匪 （《东观汉记》）

西汉末年，土匪到处横行[héngxíng]，杀人放火。

一次，土匪洗劫[xǐjié]了刘平住的村庄，刘平的弟弟不幸被杀。刘平扶着老母亲，抱着弟弟的女儿逃出家门。老母亲突然发现刘平的儿子还没有带出来，赶紧叫刘平回去找儿子。刘平跺[duò]着脚说："我没有办法把两个孩子都带上，可是弟弟不能绝后[juéhòu]啊！"说完，拉着母亲出了村子。

他们躲进了一片芦苇[lúwěi]中。第二天一早，刘平钻出芦苇，想找些吃的东西。可是没走多远，就被几个土匪抓住了。土匪也饿坏了，抓住了刘平，就想杀了他吃。刘平不禁大哭："我的母亲还在等着我哪。我找些东西给母亲吃，等一会儿我回来，你们怎么办都行。"土匪看他哭成那个样子，挥了挥手，把他放走了。

刘平找到了食物，回到母亲躲藏[duǒcáng]的地方。他把食物交给母亲，然后跟母亲告别道："我刚才已经答应了他们。人家放了我，我不能失信[shīxìn]。"他又钻出了芦苇，找到刚才那几个土匪。土匪们见到他，惊讶[jīngyà]地你看看我，我看看你："以前听说有什么讲信用[xìnyòng]的人，我们从来不信。今天可真是见到了。唉，您赶快走吧，我们可不敢吃您的肉。"

6－1 《水浒传》中彬彬有礼的“土匪”们

思考和练习：

1.有人说刘平是一个“傻瓜”，你说呢？

2.土匪为什么没有杀刘平？你觉得这个故事是真的吗？

3.刘平对答应别人的事情________。（说到做到/言而无信）

注释：

(1)《东观汉记》：记载东汉历史事件的史书。从公元 62 至 225 年，先后有许多史官参加本书的编著。

(2)刘平：彭城（今山东徐州一带）人。当本故事发生时，他还是家乡的一名小官吏。后来他曾在东汉初期担任朝廷的顾问和掌管皇族事务的长官。

§6.3 两种报答 （《汉书》）

韩信[Hán Xìn]家里很穷，他自己既不会种地

[zhòngdì],又不会做生意。因为没有什么突出的品行[pǐnxíng],所以也没有人推荐他去官府做事。他天天到处乱逛,常常是在朋友家里白吃饭,结果朋友也讨厌他了。他在一个亭长[tíngzhǎng]家白吃了几个月,亭长的妻子对他很头痛。这天,亭长家一大早就做好饭,坐在床上就把饭吃完了。到了吃饭的时候,韩信来了,他们也不给他做饭。韩信当然知道他们的意思,就气冲冲地走了。

韩信又饿又累,来到河边钓[diào]鱼。一个洗衣服的大娘看他没饭吃,很可怜他,就把自己的饭菜分给他吃。就这样一连吃了几十天,韩信很感激[gǎnjī]。他对大娘说:"我将来一定会好好报答[bàodá]您的。"大娘听了,生气地说:"你是一个男子汉,竟然不能自己生活。我觉得你可怜,所以给你东西吃,哪里指望[zhǐwàng]你报答我。"

后来,韩信成了著名的将军[jiāngjūn],特意[tèyì]找到了这位洗衣服的大娘,给了她很多黄金。韩信又送了一百文钱给亭长,对他说:"您,是个小人!做了好事,可是不能做到底。"

6-2 气味淡雅的兰花,是君子之交的象征

思考和练习：

1. 韩信对大娘和对亭长的报答为什么不一样？

2. 大娘说过，不指望韩信的报答。那么她会接受韩信给她的东西吗？

注释：

(1)《汉书》：见§3.3注(1)。

(2)韩信：(？—前196)淮阴(今江苏清江西)人。长大后恰逢推翻秦朝的农民大起义时期。由于有勇有谋，被推荐担任大将军，成为汉朝的开国功臣。

(3)亭长：秦汉时管理地方治安和民事纠纷的村镇小官。

§6.4　帽带子　(《说苑》)

楚庄王[Chǔzhuāngwáng]举行盛大的宴会。从白天一直吃喝到晚上，大家都有一点儿醉了。这时候，一阵风吹来，灯火"忽"地一声被吹灭了，酒席上立刻一片黑暗。

黑暗中，楚庄王的妃子[fēizi]忽然觉得有人在拉自己的衣服。她伸手一推，摸到了那人的帽带子。她急中生智[jí zhōng shēng zhì]，一下把那人的帽带子扯[chě]断了，然后，她附[fù]在楚庄王的耳边悄悄说："有人拉我的衣服，我把他的帽带子扯断了。大王快让人拿灯来，看看是谁的帽带子断了。"

没想到楚庄王听了这话，立刻大声说道："大家都把帽带子扯断！今天扯掉帽带子喝酒才算喝得痛快。"等大家都把帽带子扯断了，楚庄王才让人重新点灯。

三年之后，楚国和晋国[Jìnguó]发生了战争。楚庄王亲自带着军队参加战斗。他发现自己军队里有一位将领[jiànglǐng]总是冲在最前面，一个人杀了五个敌人的将领，终于把敌人打退了。楚庄王非常高兴，连忙把那个将领叫来，询问他的情况。那位将领说："我就是那次被扯掉帽带子的人。大王对人这么宽容[kuānróng]，我一直盼望有机会报答您了。"

6－3　手持大刀的关公＝忠诚和义气

思考和练习：

1. 被扯掉帽带子的是什么人，他是在什么时候承认的？

2. 如果在宴会上找出那个被扯掉帽带子的人，有什么不好吗？

3. 你认为在这件事情中，谁丢了脸，谁保住了面子？

注释：

(1)《说苑》：见 §1.1 注(1)。

(2)楚庄王：(？—前 591)春秋时期楚国(今湖北及河南、安徽、湖南等省部分)国君。由于重用人才，兴修水利，加强军事实力，终于在与晋国军队的交战中获胜(前 597 年)，使楚国成为当时最强大的国家。

综合思考和练习：

1. 请写出几个带有"礼"字的词语。

2. "信"字是由"__十言"组成的。

3. 以下三个汉语俗语，哪一个表示(a. 恩人　b. 仇人　c. 忘记恩人的人)？

(1)死对头　(2)白眼狼　(3)大救星

4. 有人把你丢失的钱包送回给你。你非常感激，你会______________

a. 把钱包里的一部分钱送给他(她)。

b. 请他(她)吃饭。

c. 买一件礼物送给他(她)。

5. 你和一位中国朋友到饭店吃饭之后，他先去付了全部的饭钱。你应该______________

a. 向他道谢。

b. 向他道谢，并马上把自己的那部分饭钱还给他。

c. 以后再请他吃一次饭。

d. 想办法买一件礼物送给他。

6. 中国朋友帮你买了一件东西。当你要把买东西的钱还给他的时候，他说："算啦，就几块钱。"他是什么意思？你怎么办？

7. 在中国，以下的行为是不礼貌的吗？

a. 向年纪大的人打招呼时称呼他(她)的名字。

b. 向老年人询问他(她)的年龄。

c. 向年轻女性询问她的年龄。

d. 吃饭时请桌子对面的人把某一碟菜递过来。

e. 向一位分别了一段时间的同事询问他(她)最近在忙什么。

f. 不预先通知朋友就去拜访他(她)。

专题参考

一、思考和练习及注释

§6.1

1. 这可能是个虚构的故事。因为孟子的时代《礼记》还没有成书(一般认为《礼记》成书于汉代)。况且即使古代允许休妻的所谓“七出”(不孝公婆、无子、淫佚、妒忌、恶疾、多言、盗窃)，也不准像故事里孟轲这样刻薄的做法。

《礼记》对身体姿势的要求是：“立毋跛(跛，重心落在一条腿上)，坐毋箕(箕，即如孟轲妻子的坐姿)，寝毋伏。”[①]女性方面，现代仍很少见到叉开双腿或跷二郎腿的坐姿。[②]过去，对女性有“笑不露齿”的训诫，这现在虽然已经成为笑谈，但在文艺作品中，“抿嘴而笑”还是典型的女性笑姿。男性方面，像西方那样坐在桌子上的人很少见，不过蹲在凳子上是许多农民的习惯。

2.《礼记》对“将上堂”和“将入户”还有进一步说明：如果房门外放有两双鞋(意味着里面有两个人)，一定要等里面的人答话后才能进去；进房门后，不要四下张望；门原来是开着的就不要关，门原来是关着的就把它关上……[③]

客人关门的礼节，现代一如《礼记》。至于鞋子，如果客人发现门边有换下的鞋子，最好也换鞋，即使主人出于客气叫你不必脱鞋。“视必下”的规矩似乎有了一些变化。第一次登门拜访的客人，常会主动提出要参观主人的卧室、厨房、阳台等等，对家具或布置称赞几句，甚至打听一下价格。

在中国人家中，各个房间一般只用门帘遮挡一下，门是不常关的，以显示亲人之间的信任和无隐私。[④]

§6.2

1.“与朋友交而不信乎？”是曾子“每日三省”的一项。[⑤]孟子则把“朋友有信”作为人最重要的五种伦理关系之一。[⑥]不过，朋友之间对“信”的实际要求，远远超过一般意义的“信（诚实）”（参见专题参考§8.2）。

2.中国古代有不少故事，描写诚信、孝顺、友情可以感动土匪、蛮族甚至野兽。“二十四孝”故事中，孝子江革背着母亲逃难，几次遇到土匪，土匪都放了他们一条生路。为母亲采拾桑葚的孝子蔡顺，土匪甚至赠给他白米和牛蹄。这就是所谓“盗亦有道”。难怪在《水浒传》等小说里，要请求绿林好汉饶命，最灵验的话总是“我家还有八十岁老母。”

梁朝殷芸（471—529）在他的《小说》中，还记载了一位荀巨伯的故事。荀为了照顾生病的朋友，留在被胡人攻占的城市。而胡人因敬重他对朋友的义气，立刻撤兵。

§6.3

1.洗衣大娘不相信韩信会有出息，对韩信要报答她的允诺嗤之以鼻，俗话说：“请将不如激将。”韩信从此发愤成名，甚至甘忍胯下之辱。当他名成功就衣锦还乡，第一件事就是报答大娘，因为大娘对他的“活命之恩”不仅在于“一饭”，更在于“一言”。他甚至封赏了令他受胯下之辱的人，称那人为“壮士”，因为那人使他考验了自己的忍耐精神。

“一斗米养个恩人，一担米养个仇人。”那位委屈的亭长一定会这样感叹的。

2. 施与的目的不在于得到报答，然而接受报答是对对方的肯定。

不接受施与或报答，那就有可能表示厌恶和鄙视你的“不义之财”。所以中国人在施与或报答遭到谢绝时，常常都会半开玩笑半认真地问：“怎么，看不起我？”

§6.4

2. 古代特别强调统治者对国家大事不能听从家眷，家、国之事不可混为一谈。女眷的职责是处理家庭事务，维护家庭利益。家庭事务不受外人干扰，而国家大事也不应受家庭利益的影响。管子谈到统治之道时就说：“妇人言事则赏罚不信。”⑦在这种观念的影响下，历史上的误国之君常常伴有“红颜祸水”的故事，夏桀与妹喜、商纣与妲己、周幽王与褒姒、夫差与西施，唐明皇与杨贵妃，乃至吴三桂与陈圆圆，不一而足。相反，明君霸主则多伴有远声色而近臣民的故事。谚语说：“人有面，树有皮。”楚庄王没有听从妃子的话，给酒后失态的将领留了个面子。正如孔子所言：“惠则足以使人。”⑧楚庄王的“不辱之恩”在关键的时候得到了回报，使他成为代晋而起的“春秋五霸”之一。

二、综合思考和练习

1. 豊，礼的古字，像以器皿盛食物向神敬献。“示”+“豊”，强调与神的关系。但后来“礼”不再是表示人和神之间，而是人和人之间重要的事物。

2. 人言为信。“人而无信，不知其可。”⑨这是“信”字最早的意义。

食言而肥的人是不会有多少朋友的。虽然也有“喜时之言多失信，怒时之言多失礼”的告诫，但传统上，中国人还是愿意互相以口头承诺表现信用和信任。旧时中国商人在做生意时，即使有风险，也不愿用“白纸黑字”，而宁可靠“君子一言”。

4. 在中国，把钱包送回来的意思，就是他(她)不想得到这钱。所以选择 a 往往会使对方觉得难堪。一般来说，选择 c 是得体的。选择 b 则含有你希望和他(她)交个朋友的意思。

5. 不要选择 b。中国人与朋友吃饭的目的，在于增强彼此的联系感。在最古老的诗歌里人们也是这样唱的：“投我以木桃，报之以琼瑶。匪报也，永以为好也。”[10]所以互相请客 c 是中国朋友常见的联络感情的形式。而“见外”地直接还钱，那就接近于做买卖“两讫”之嫌了。

6. 如果那东西很便宜，你当然不必一分、两分地数给他，这会使他尴尬。如果他确实应该收下买东西的钱，有个可行的办法是这样对他说：“你不收钱，下次我可不敢找你帮忙了。”这脱胎自中国一句关于借贷的俗语：“有借有还，再借不难。”有些人可能说什么也不收，那你只好大方地领情吧。

7. a. 年轻人对年长者一般以其姓＋“先生(老师、经理、×长，等等)”相称，对父母的朋友则常以其姓＋“叔(伯、姨)”相称，绝少以名相称。

b. “您高寿了？”是对老人一种尊敬的问候。

c. 对于异乡来客，无论对方男女老少，中国人常喜欢问年龄，大概也是表示尊敬吧。但，这种询问多出自年长者或年轻同性之口，年轻异性之间很少这种唐突的问题。

d. 笔者只见到吃中餐的“老外”这样做，中国人宁可站起来伸手夹菜，或者干脆就放弃。

e. 这实际是一种随意的问候，所以不需要认真的回答。如果你觉得一时没法说清楚，就说“没忙什么”、“瞎忙”也不会得罪人。

f. 一般来说，除了吃饭时间不宜登门外，客人任何时候都可能出现在门口。但笔者在赶写这本书的时候，确实也对任何不速之客都感到头痛。

参考资料：

①《礼记·曲礼上》。

②莱杰·布罗斯纳安：《中国和英语国家非语言交际对比》(毕继万译，北京语言学院出版社，1991)，第85页。

③同①。

④许烺光：《美国人与中国人》(彭凯平等译，华夏出版社，1989)，第72—73页。

⑤《论语·学而》。

⑥《孟子·滕文公上》。

⑦《管子·九败》。

⑧《论语·阳货》。

⑨《论语·为政》。

⑩《诗经·卫风·木瓜》。

第7讲

温良恭俭让

（性格·修养）

当一个人处在困难中的时候，怎样控制他自己的情绪，并不是一件容易的事情（§7.1），而对任何一个希望成功的人来说，最大的考验就是看他是不是有忍耐和坚持的精神（§7.2）。当一个人事业顺利的时候，他是不是也应该控制自己的情绪（§7.3）？谁都喜欢脾气好的人，那么，成为一个好脾气的人，有没有什么不好呢（§7.4）？

§7.1 "喂，来吃！" （《礼记》）

有一年，黔敖[Qián Áo]的家乡发生了大饥荒[jīhuāng]。黔敖家里比较富裕[fùyù]，于是他准备了许多食物，等候在大路旁，见到灾民[zāimín]就把食物送给他们。

不一会儿，有个灾民慢慢地走了过来。这个人低着头，用袖子遮[zhē]住脸，什么也不看。黔敖左手拿起吃的，右手拿起喝的，向他招呼道："喂，来吃！"那人抬起头，看了黔敖一眼，说："我就是因为不理会[lǐhuì]别人叫我

‘喂’，才变成现在这个样子的。”说完，他又继续朝前走去。黔敖连忙追上去向他道歉。但是无论黔熬再说什么，那个灾民也不理他了。

曾参[Zēng Shēn]知道了这件事情，不禁叹气道：“灾民这样做不太好吧。黔敖喊‘喂’的时候，他不理会是对的，可是黔敖道歉了以后，他就应该接受食物了。”

7－1 手摇鹅毛扇，
显示着军事家诸葛亮(181－234)的冷静沉着、从容不迫

思考和练习：

1. 成语“嗟来之食”来自这个故事。“嗟”的意思是什么？
2. 灾民为什么不愿意吃东西？你认为他应该吃吗？
3. 曾参为什么不批评黔敖，却批评灾民？

注释：

(1)《礼记》：见§6.1注(3)。

(2)曾参：(约前505—前436)春秋末鲁国南武(今山东枣庄附

近)人。孔子晚年最喜欢的学生之一。他家境清贫,但十分孝顺。对自己修养严格,每天都要反省自己对别人、对学习有没有尽心尽力。他认为孔子最重要的思想就是“忠恕”。

§7.2 张良捡鞋 (《史记》)

张良[Zhāng Liáng]计划谋杀[móushā]秦始皇[Qínshǐhuáng],但是没有成功。他只好逃到乡下躲了起来。

这天,张良外出散步。经过一座小桥时,从对面走过来一个老头儿。那老头儿走过张良身边,不知怎么搞的,鞋子掉到桥下去了。老头儿回过头来,看着张良说:“喂,把鞋捡上来!”张良见老头儿说话这么傲慢[àomàn],捏[niē]紧拳头[quántou],真不想理他。但是看到老头儿那么老,只好忍[rěn]住气,到桥下面把鞋子捡了上来。

可是老头儿没有谢他,又把脚一伸:“穿上!”鞋子已经捡上来了,那只好给他穿上了。张良这样想着,便跪在地上,给老头儿穿上鞋子。老头穿好鞋子站起来,笑道:“孺子可教[rúzǐ kě jiào]。五天以后一大早,你来这儿等我。”张良虽然感到好奇[hàoqí],却连忙答应了。

第五天早晨,张良来到小桥。可是老头儿已经站在那儿了。他见张良来了,很不高兴地说:“同老人约会,怎么能迟到?五天以后再来。”说着就走了。

五天以后,鸡刚叫,张良就来了。没想到老头儿又已经站在桥上了。“怎么又迟到了?五天以后再来。”说完,老头儿又走了。

五天又过去了。这一次，还没有到半夜，张良就来到桥上。不一会儿，老头儿来了。见到张良，满意地说："这就对了。"说着，他从怀[huái]里取出一册书，对张良说："好好读吧。十年以后，你就能成功。"老头说完，转身就走了。

等到天亮，张良打开书一看，原来这是一部关于战争谋略[móulüè]的"兵法[bīngfǎ]"。张良从此认真学习这部兵法，后来终于成为著名的谋士[móushì]。

7-2 "岁寒三友"

思考和练习：

1. 老头儿对张良的态度怎样？他喜欢张良吗？

2. 张良得到一部什么书？这书有什么用？

注释：

(1)《史记》：见§3.1注(1)。

(2)张良：(？—前189)西汉初大臣。据说是城父(今安徽亳县东南)人。故事中的老头儿是一个神仙传说人物，叫黄石公。张良后来成为汉朝建立者刘邦的重要参谋，并曾和韩信(见§6.4)一起整理了当时流传的各种兵法。

(3)秦始皇:(前259—前210)秦朝建立者。他以十年时间消灭了当时的六个国家,建立了中国第一个统一的封建帝国,统一了法律、钱币、文字和度量衡,并大规模修建长城,烧毁民间藏书,杀害知识分子。曾经有几批人谋杀他,都没有成功。

§7.3 谦让 (《世说新语》)

王述[Wáng Shù]接到了让他担任政府首脑[shǒunǎo]的任命[rènmìng],二话[èrhuà]没说就接受了这个任命。他儿子提醒[tíxǐng]他说:"爸爸,您应该谦让[qiānràng]一下……"王述不太高兴地问:"你觉得我有没有本事担任这个职务[zhíwù]?"儿子忙说:"我不是这个意思。您怎么会没有能力呢?不过谦让到底是一种美德[měidé]啊。从礼节[lǐjié]上讲是不能缺少的。"听儿子这么一说,王述可真的生气了:"既然说能胜任,还谦让什么!别人都说你以后会比我有出息[chūxi],我看你一定不如我。"

思考和练习:

1. 王述对自己的任职________。(得意_形/当_不让)

2. 王述会有很多朋友吗?

3. 按照王述的性格,他当上主管国家政务的长官以后,能很好处理事情吗?

注释:

(1)《世说新语》:见§1.3注(1)。

(2)王述:东晋太原晋阳(今山西太原南)人。他的性格率直而急躁，认为为人处世首先应该了解自己而后行动，但不必假装谦让。

§7.4 淳于恭 （《东观汉记》）

淳于恭[Chunyú Gōng]是一个很随和[suíhé]的人。遇到不愉快的事情，总是想办法不让别人感到难为情。有一天，他正在散步，突然发现有人在偷割[gē]自己家田里的稻子[dàozi]。他想，这人要是见到自己，一定很尴尬[gāngà]。于是他趁[chèn]那人还没有发现自己，蹲[dūn]下来躲在草丛[cǎocóng]里。等那人挑着两筐[kuāng]稻子走远了，他才站起来继续散步。

7-3 一团和气

又有一次，淳于恭在山上碰见一个陌生人正在偷砍自己家种的树。淳于恭见他一个人搬不动那棵大树，就走上前去帮他把树抬到车子上运走。那人后来听说这位帮忙的人就是那片树林的主人，真是又惊讶又惭愧。他把树运回来还给淳于恭，但是淳于恭坚持说这棵树是自己要送给他的，让那人又把树运了回去。

思考和练习：

1. 请设想，如果偷稻子的人当时见到淳于恭，他们两人会怎样？

2. 你觉得这个故事是称赞淳于恭，还是批评他？

3. 如果你和淳于恭一样，碰到类似的事情，而对方是你的亲戚/朋友/同事/邻居，你会怎样？

注释：

(1)《东观汉记》：见§6.2注(1)。

(2)淳于恭：(？—80)北海淳于(今山东安丘东北)人。喜爱谈论道家思想。早年隐居乡下。虽然当时社会混乱，他仍然努力开荒种地。后来皇帝请他担任朝廷顾问的职务。据说他曾教弟子读书，如果弟子学得不好，他就责打自己。

综合思考和练习：

1. 用“温”、“恭”、“让”三个字填空：

a. 忍__ b. __和 c. __敬 d. 谦__

2. 一个人遇到很生气的事情，他的朋友会对他说：“心字头上一把刀，你就__了吧。”请根据“心字头上一把刀”，猜一猜这是个什么字？

3. 找出带点字的相同偏旁。这个偏旁是什么字？

谦虚 原谅 让步

4. 以下谚语中，哪些符合(A. 灾民 B. 张良)的生活态度？

a. 大丈夫能屈能伸。

b. 好汉不吃眼前亏。

c. 留得青山在，不怕没柴烧。

d. 宁为玉碎，不为瓦全。

5. 有人称赞你的中国话说得不错，你怎样回答比较好？

a. 我说得马马虎虎。

b. 真的吗？谢谢！

c. 哪里哪里，还差得远！

d. 过奖，过奖！

如果是（A. 年轻人　B. 老人）称赞你，你的回答会不一样吗？

6. 你知道中国人最喜欢什么花？为什么中国人喜欢它？

7. 人们在谈论自己的时候，一般来说对自己的评价比较谦虚，还是相反？你觉得，在这方面，中国人和你们国家的人有什么不一样吗？

专题参考

一、思考和练习及注释

§ 7.1

1. 1949 年 8 月，毛泽东在嘲讽美国对中国的所谓援助时引用了这句成语："嗟来之食，吃下去肚子要痛的。"①

重视荣誉和气节不仅是灾民的性格，也是现代人对理想人格的第一选择。对比欧洲的调查（1981 年）与中国的调查（约 1987 年）可以发现，尽管两地文化背景千差万别，对理想人格的首选均为：正直（气节）！②

3. 这段故事在《礼记》中的主旨与"嗟来之食"现在的含义截然不同。曾子的评价，既不是赞扬灾民的气节，也不是赞扬黔敖的勇于改过，而是批评灾民缺乏宽容（恕）的精神。

孔子的学生子贡曾问："有一言而可以终身而行之者乎？"孔子答道："其恕乎！己所不欲，勿施于人。"③对"恕"的重视，体现出儒家思想具有某种宗教精神。孔子的话和《圣经》的训诫如出一辙：

“免我们的债，如同我们免了人的债（Forgive us the wrongs we have done, as we forgive the wrongs that others have done to us）。”④

“你们要饶恕人，这样就必蒙饶恕（Forgive others, and God will forgive you）。”⑤

§7.2

1. 从《佐罗（Zoro）》到《超人（Superman）》之类的西方游侠片，都喜欢描写独来独往、飘忽无踪的主人公。中国的武侠片则喜欢描写主人公忍辱负重、拜师学艺的过程。师傅总是用苛刻的要求考验徒弟的忍耐力，而徒弟必须像张良这样忍受别人的无礼，耐住时间的磨难——这是成就大业的基本素质：“能耐”＝能力。

同样，旧时商人和手工业者的徒弟拜师后要先为师傅做家务，而不是学手艺。这种考验期可能有数年之久。

2. 群雄蜂起、征战频繁的时代，军事家自然应运而生。春秋末年的孙子和三国时期的诸葛亮（181－234），是历史上最有名的军事家。张良得到的书，据说是一部叫做《黄石公三略》的兵法。

正统的道学家曾告诫“女不看《红楼》，男不看《三国》。”他们担心《三国演义》中的“尔虞我诈”会扰乱人心。可见兵法中的谋略技巧，不仅用于战争。美国一部名为“Naked Hollywood”的纪录片，就反复引用《孙子兵法》来阐述好莱坞经纪人的商业活动。80年代中期以来，国内社交术著作畅销，其中不乏“三十六计新编”、“《孙子兵法》与企业管理”、“《三国演义》与用人之道”为题的书籍。显示出人们在“竞争如战争”的商业时代对兵法的一种新的关注。

（1）司马迁在《报任安书》中说，自己虽然遭受宫刑这种最侮辱人的刑罚，但为完成《史记》，他必须“隐忍苟活”。《史记》中也时常描写前人忍辱发愤的事迹。

§7.3

2. 人们虽然常把狂放之士的傲气和急躁当成笑话，但还是喜爱他们的耿直、坦率。正如朱熹称赞的,“这般人终是有筋骨。”[6]

欧洲古典绘画中,“节制”的美德常以一个妇女用水冲淡酒浆(控制饮酒)为象征。[7]中国历史上的无道昏君也常与沉湎酒色有关。然而,文质彬彬的知识分子+酒,就成了豪放不羁的象征,成了人们津津乐道的话题。李白说得有道理:“古来圣贤皆寂寞,唯有饮者留其名。”(《将进酒》)

王述所在的时代,以酒著称的文人似乎特别多,像阮籍(210—263)、刘伶(魏晋间)、陶渊明(365?—427)。在鲁迅《魏晋文人与药与酒的关系》一文中还有更多的例子。[8]

3. 以下是关于王述“性急而能有所容”的故事:

有人不知为什么事和王述闹翻了。他到王述办公的地方把王述骂了个狗血淋头。王述面朝墙壁一动不敢动。那人骂完走了,过了好久,王述回头问两旁的小吏:“走了吗?”小吏说:“走了。”王述这才回到座位重新坐好。[9]

§7.4

2.《礼记·中庸》对“中庸”的定义是:择善而从,中正不偏执。而现在,词典对“中庸”的解释是:“待人接物采取不偏不倚,调和折中的态度。”[10]人们对“中庸”一般也是采取这种模糊的中性评价,既不像对“气节”那样高歌赞颂,也不像对“欺瞒”那样嗤之以鼻。而是作为一种温和的具有保护和满足作用的行为模式在实际上信守着。[11]

“中庸”一词的模糊性,正如“好人”一词既可以指“品行良好的人”,也可以指“老好人”、“好好先生”、“乡愿”这类鄙夷的称呼。什么叫“乡愿”?“乡愿是个无骨肋底(的)人。东倒西擂,东边去取奉人,西边去周全人。看人眉头眼尾,周遮掩蔽,惟恐伤触了人”。[12]

明代的李贽(1527—1602)曾记下了这样一个故事:罗可的鸡被人偷了,他便带着酒壶大摇大摆到小偷家中,招呼小偷全家一块儿把鸡吃了,“尽醉而归。”[13]这倒是一种潇洒。

至于淳于恭是个怎样的人，笔者觉得还是采取中庸的态度，任由各位评点为妙。

二、综合思考和练习

1. 温，温和；良，善良；恭，谦虚；俭，自制；让，忍让。[14]

2. "忍，能也。"[15]也就是能够"狠心"。对人狠心为残忍，对己狠心为忍耐。

3. 讠＝言。俗话说："病从口入，祸从口出。"《弟子规》："言语忍，忿自泯。"

5. a 是对老少皆宜的回答。而当留学生一本正经地用 c 回答中国人的称赞时，中国人往往忍俊不禁。特别这种谦辞出自年轻人之口，更有点滑稽甚至酸溜溜，还不如 b 来得顺耳。

6. 梅花作为性格之象征，始于古代标榜孤芳自赏、高傲独立的文人隐士。后来则以其迎雪怒放、坚忍不拔、敢为天下先的形象而被广泛接受。松竹梅成为人们熟悉的"岁寒三友"。

1987 年，中国评选出传统十大名花，梅花众望所归，荣登"花魁"。[16]

7. 需要指出的是，人们的自谦往往是指自己能力上的缺乏，而不是指人格上的缺陷。这一点在中国也一样。调查显示，中国人对自己实际人格的评价序列为：仁爱、理智、进取、勤俭、忠孝、气节。对他人实际人格的评价序列则为：实用、功利、中庸、嫉妒、私德、进取。[17]

参考资料：

①毛泽东：《毛泽东选集》（人民出版社，1991），第 1495 页。

②让·斯托策尔：《当代欧洲人的价值观念》（陆象淦译，社会科学文献出版社，1988），第 1 章第 3、4 节；沙莲香：《中国民族性（二）》（中国人民大学出版社，1990），第 4 章第 1 节。

③《论语·卫灵公》。

④《圣经·马太福音(Matthew)》,第6章第12节。

⑤《圣经·路加福音(Luke)》,第6章第37节。

⑥《朱子语类》,第43卷。

⑦J.霍尔:《西方艺术事典》(迟轲译,广东人民出版社,1990),第226页。

⑧鲁迅:《鲁迅全集·而已集》。

⑨《世说新语·忿狷》

⑩中国社会科学院语言研究所　编:《现代汉语词典》(商务印书馆,1983),第1498页。

⑪沙莲香:《中国民族性(二)》(中国人民大学出版社,1990),第4章第1节。

⑫同⑥,第61卷。

⑬《初谭集》,第20卷。

⑭《论语·学而》。

⑮《说文解字·心部》。

⑯王建辉、易学金　主编《中国文化知识精华》(湖北人民出版社,1991),第568页。

⑰同⑪,第118页。

第8讲

天网恢恢
(法律·社会)

什么样的社会是一个理想的社会?

传统上,人们认为法律并不能有效地防止人做坏事,一个做了坏事的人,却会在道德的影响下改正自己的错误(§8.1)。所以有人相信,坚持自己的道德标准,比遵守法律更加重要(§8.2)。人们想像中的理想社会,是一个用道德统治的社会,而不是用法律统治的社会(§8.3)。历史上成功的统治者,其最重要的经验,也就在于不是强迫,而是顺其自然(§8.4)。

§8.1　盗墓人　(《玉堂闲话》)

有人盗墓[dàomù],偷走了许多陪葬[péizàng]的东西。这件事情官吏[guānlì]查了很久都查不出来。后来抓到一个人,拷问[kǎowèn]了一年多,找到了几个愿意证明他盗墓经过的人,那人终于承认了。

把犯人[fànrén]拉到刑场[xíngchǎng]上,正准备砍头[kǎntóu],旁边观看的人群里突然有个人举起胳膊,高声喊道:"盗墓的是我!你们抓不到我,怎么就要杀那个无辜［wúgū］的人？”说着，这人把自己从坟墓中偷来的东西全部交了出来。一查，果然是。可是原来被抓的那人也有同样的东西，这是怎么回事？

于是当地［dāngdì］的最高长官［zhǎngguān］亲自审问［shěnwèn］原来的那个人。那人说：“我虽然没有盗墓，可是实在受不了官吏的酷刑［kùxíng］，所以就让家里人伪造［wěizào］了这些东西——只希望能早一点死。”长官听了非常震惊［zhènjīng］，连忙把情况报告了朝廷［cháotíng］。朝廷下命令放了那个无辜的人，又把几个使用酷刑的官吏抓了起来。而那个自首［zìshǒu］的盗墓人则受到奖励［jiǎnglì］，并且被聘用［pìnyòng］做了官吏。

8－1 惩罚罪人的雷公

思考和练习：

1. 这个故事对什么人表示不满？为什么？

2. 官府对盗墓人的处理说明，人们相信____________。(狗改不了吃屎/浪子回头金不换)

3. 你对这个故事的结果满意吗?假如这个故事发生在现代呢?

注释：

(1)《玉堂闲话》：笔记文集。五代时期范资著。

§8.2 “罪犯在哪儿?” (《独异志》)

侯彝 [Hóu Yí] 是个官员，很讲义气 [yìqi]。他曾经窝藏 [wōcáng] 了一个重要的罪犯 [zuìfàn]，负责寻找罪犯的官吏就把他抓了起来。可是怎么问他，他就是不说罪犯藏在什么地方。官吏发火 [fāhuǒ] 了，指着侯彝说："罪犯就藏在你脚底下，你敢说不知道?"

侯彝一听，从地上揭 [jiē] 起一块砖头 [zhuāntou]，往自己脚上一砸 [zá]，抬起脚反驳 [fǎnbó] 道："罪犯在哪儿?"

官吏更火了："他就藏在你膝盖 [xīgài] 下面。"侯彝又把砖头往膝盖上一砸，抬头问那个官吏："在哪儿?"

官吏见他还是不说，就拿来一只铁锅 [guō]，装进烧得通红的炭 [tàn]，放在侯彝的肚子上。皮肤烧得冒青烟，旁边的人看都不敢看，侯彝却在大叫："为什么不多放一点儿炭?"

那个官吏对侯彝没办法，只好报告皇帝。皇帝亲自来审问侯彝，问他："你何必 [hébì] 把罪犯藏起来，让自己受这么大的苦呢?"侯彝回答道："罪犯是我藏的。可是既然藏了他，那我就是死也不会说出来的！”皇帝看他这么坚决，就没有再逼［bī］他，只是把他贬［biǎn］了官。

8－2　黑脸包公：铁面无私的法官

思考和练习：

1. 这个故事认为，侯彝的行为__________。（天理难容/情有可原）

2. 谈谈你对侯彝的看法。如果他是你的朋友呢？

3. 在现代社会，人们会怎样处理侯彝？会有人同情他吗？

注释：

（1）《独异志》：笔记文集。唐代李亢著。该书杂录了不少唐代的奇闻琐事。

§8.3　美好的过去　（《庄子》）

子高［Zǐgāo］是尧帝［Yáo Dì］时期的诸侯［zhūhóu］。到了禹帝［Yǔ Dì］建立了国家之后，子高辞［cí］去了诸侯的爵位［juéwèi］，到乡下种地去了。

禹帝听说子高走了，就亲自到乡下去找他。子高正在田里种地，禹帝走上前去，恭恭敬敬地作了一个揖，问："尧帝的时候，您是诸侯。现在您辞去爵位，来这里种地。不知是不是对我有什么意见呢？"

子高回答道："尧帝的时候，不用奖励，老百姓也知道应该努力工作；不用刑罚［xíngfá］，老百姓也不会做坏事。现在你建立起国家，还规定了什么法律、奖励呀、处罚［chǔfá］呀，可是道德风气［fēngqì］却越来越糟糕了。唉，天下从此就要乱了。您走开一点，别妨碍［fáng'ài］我种地。"说完，他埋头［máitóu］种地，再也不理会禹帝了。

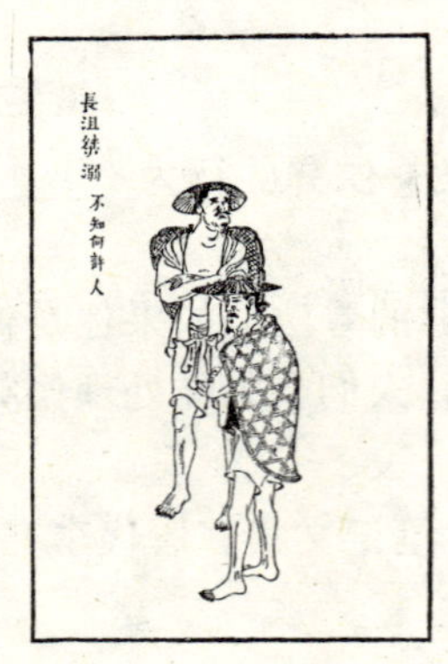

8-3　两个种地的隐士

思考和练习：

1. 子高认为建立了法律制度之后，人们会怎样？你同意他的看法吗？

2. 子高喜欢什么样的社会？他会喜欢现代社会吗？

3. 你觉得子高应该种地，还是应该帮助禹帝治理国家？

注释：

(1)《庄子》：道家重要著作。战国时期哲学家庄子（约前369—前280）著。庄子，宋国蒙（在今河南商丘）人。早年做过小官吏。相传楚国国君曾用厚礼聘请他，被他拒绝了。庄子认为大自然中的一切都可以互相转化，所以是没有差别的。因此他主张对一切都抱着怀疑的态度，处世应该随遇而安，顺应世俗。

(2) 尧帝：传说中远古时期的一位部落联盟首领。活动于今山西、河北一带。

(3) 禹帝：传说他在约公元前21世纪建立了中国第一个王朝——夏朝，设立了军队、官吏、刑罚、监狱等象征国家权力的机构。

§8.4　乡校　（《左传》）

郑国［Zhèngguó］人经常聚集［jùjí］在乡校［xiāngxiào］里议论政府和官员。一位叫然明［Ránmíng］的官员就对子产［Zǐchǎn］建议说："把乡校拆掉吧，怎么样？"

"为什么？"子产说，"大家每天干完活儿，到乡校去逛一逛，议论议论政府和官员。大家觉得好的，我们就坚持做；大家觉得不好的，我们就改。这是我们的老师啊。怎么能拆掉乡校！我只听说一个人努力做好事，就能减少别人对他的不满［bùmǎn］，从来没听说有人能靠作威作福［zuò wēi zuò fú］堵［dǔ］住别人的议论。当然，作威作福可以暂时［zànshí］堵住不满的议论。可是这就像堵住了一条大河，等到河水冲开大缺口［quēkǒu］，想救也来不及了。不如打开一个小缺口，让水慢慢地流出去。我们还是听听大家的意见吧。”

然明佩服地说：“我现在才明白，您确实是可以干一番事业的。我自己没有什么能力，但是照这样做的话，那就不只是我们几个官员有了依靠，整个郑国都有依靠了。”

思考和练习：

1. 然明为什么提议要拆掉乡校？

2. 子产用“水”比喻什么？

3. 故事的最后，然明说，郑国有了“依靠”。这个“依靠”是指什么？

注释：

(1)《左传》：记载春秋时期历史事件的一部史书。相传是鲁国史官左丘明所作。

(2) 子产：(？—公元前522) 春秋时期郑国（今河南新郑一带）著名政治家。曾任郑国最高行政长官。执政期间，对内发展生产，订立严格明确的法律，又开议政风气，听取舆论。对外善于外交，使郑国作为一个小国而能与周围大国和平相处。

(3) 乡校：古代乡下的公共场所。是学校，也是人们聚会谈天的地方。

综合思考和练习：

1. 本专题的标题“天网恢恢”是一句成语的上半部分，它的下半部分是“________”。

2. 找出每组词语带点字的相同偏旁：

a. 道德　法律　b. 犯罪　刑罚　c. 犯罪　监狱

3. A 告诉B："我的一位朋友很'直'，他揭发自己的爸爸偷了东西。"B说："这不是'直'。爸爸偷了东西，儿子不告诉别人这才是'直'。"

A说的"直"是________，B说的"直"是________。

a. 笔直　b. 正直　c. 直言　d. 直率

4. 在以下两个事件中，你认为一般人们会更同情A中的丈夫还是B中的妻子？

A. 在争吵中，丈夫误杀了有外遇的妻子；

B. 在争吵中，妻子误杀了有外遇的丈夫。

5. 你是否同意国家应对某些罪犯处以死刑？如果是，以下哪些罪行应该处死？

a. 故意杀人　b. 强奸　c. 绑架　d. 贩卖毒品

6. 你同意以下观点吗？

a. 现在的人不如以前讲礼貌。

b. 乘车不买票的人是个不诚实的人。

c. 环境污染问题是没有办法解决的。

d. 人类社会中，维护法律制度比保证充分自由更重要。

专题参考

一、思考和练习及注释

§8.1

1. 唐代的法外酷刑是有名的。在来俊臣（651－697）审讯周兴（？－691）的"请君入瓮"故事里，酷吏们甚至互相使用酷刑。

1992年美国洛杉矶爆发的种族骚乱，起因于警察滥用暴力事件。美国影片中的警察当局，不是软弱无能，就是官僚主义严重。看来即使在现代，公务人员的社会形象问题仍然存在。在一次

"中国社会人际关系现状调查"中，有1/4被调查者也认为，警察由于自身或社会沟通不足等原因，公众形象欠佳。[①]

2.《末代皇帝（The Last Emperor）》虽然得到了九项奥斯卡大奖，但是导演Bernardo Bertollucci在接受电视采访时指出，西方观众并不能理解溥仪的转变，不理解中国政府为什么花那么大的精力挽救这些"人渣"。

在中国人看来，对溥仪的改造，显示出中国追求理想的司法制度的一次成功。[②]在中国传统中，理想的司法制度就是改造罪犯。罪犯能"重新做人"，标志着成功的社会司法制度。"过而能改，善莫大焉。"对罪犯反复说一句话就是"坦白从宽，抗拒从严。"令人拍手称快的判决并不是那些死抠法律条文作出的判决，而是"合情合理"、"足以平民愤"的判决。

§8.2

1. 3世纪时的基督教殉道者圣劳伦斯（St. Laurence）受教皇之命把教堂中的财宝分给穷人，因而被觊觎教堂财宝的罗马当局处以烙刑。他在烙架上受刑时，泰然自若地吩咐行刑者："我的这一面烤熟了，该翻转过来烤另一面了。"[③]

为了赞赏主人公的"义"，两个故事中，侯彝和劳伦斯说的话竟然如此相似。

2.《水浒传》（12—15世纪成书）可以称为中国的罗宾汉（Robin Hood）故事，它对十几岁的中国少年（主要是男孩子）有很大的吸引力。对他们处理朋友关系有相当影响。此书曾英译为"All Men Are Brothers"，颇能体现这本书的主旨。

"为朋友两肋插刀"自古就是显示朋友义气的誓言。一项调查（约1987年）显示，在有苦恼时，41.2%的人愿向朋友吐露，远高于向配偶(28.1%)和向父母(10.6%)吐露，年轻朋友之间的互相依赖和信任更为明显，达47.7%。[④]需要说明的是，中国人的朋友通常都是指同性朋友。

3. 据福建省当地法院提供的材料，1990年他们判决的各种经济和民事案件，真正能够执行的不到2/3。[5]中国人越来越意识到，过多的“义气”、“情面”，会对现代社会的正常运作形成很大的阻力。

§8.3

1. 对死板的刑罚律令，中国人似乎有本能的反感。“一场官司一场火”是对“打官司”的忠告。有什么磕磕碰碰的事，人们都首先抱着“冤家宜解不宜结”的态度，以“和为贵”。现在许多村（居）委会都设有调解员，负责调解邻里之间的龃龉，以求在闹到“打官司”之前能“大事化小，小事化了。”而《秋菊打官司》这部电影，则反映了人们对“打官司”的看法正在发生变化。

2. 古希腊罗马的诗人将世界初创之后分为黄金、白银、青铜、黑铁四个时代，表现人类每况愈下的生活境遇和世俗风气。[6]先秦儒家和道家对理想社会的看法与古希腊罗马相似。孔子整天念叨的“大同”、“小康”世界，就都是古代贤王的往事。[7]

基督教、佛教、道教产生之后，人们似乎将美好的生活寄托在未来。或升入天堂，或转世成佛，或羽化登仙。

现代人也曾一度喜欢在他们的科幻作品中描绘未来的美好。

对过去的怀恋和慨叹夸大了过去的完美。鲁迅笔下的“九斤老太”虽然有批判现实的精神，但回头是不可能的事，所以这种批判只是牢骚和无可奈何。

对未来的憧憬和希望也夸大了未来的完美。正如美国一部名为《从未存在的未来（The Future That Never Was)》的纪录影片所提示的，30年代那些充满舒适和合理化的关于未来社会的科幻电影，怎么可能预见80年代的能源危机和环境污染。

3. 《论语·微子》也有一个种地的故事：孔子的学生子路向两个种地的隐士问路。那两个隐士非但没有指路，还嘲笑孔子不会隐居起来，躲避乱世。孔子知道后，十分怅惘：“我们不和人相处，难道和鸟兽相处吗！要是天下太平，我也就不会想着改革社会了。”

这两个故事，可以比较出儒家积极的入世精神与道家消极的出世态度。

§8.4

1. 据报道，河北省农村近年出现了新的“集结点”现象。技术专业户家中往往成为农民集结聊天的地点。农民除了议论张家长、李家短之外，现在更多关心生产技术的交流。[8]

2. 老子论人生哲理时，特别推崇“水”：“天下莫柔弱于水，而攻坚强者莫之能胜。”[9]农业为本的传统社会，“水”对统治者更是至关重要的。“黄河清”是太平盛世到来的象征，治水有方的大禹得了天下。《管子·法经》说：“治人如治水潦。”《荀子·哀公》说：“君者，舟也；庶民者，水也。水则载舟，水则覆舟。”

这种以民为本的思想，是具有民主性的知识分子对统治阶层的期望和忠告，也被古代开明的统治者所采纳，唐太宗就是用“水所以载舟，亦所以覆舟”教训儿子的。[10]

3. 正直无私的官员，古代称为“贤臣”。唐宋之后，市民阶层兴起，老百姓对之又有了一个新的称呼——清官。

与“民本思想”相对应，“清官思想”反映百姓们对统治阶层的期望。

历史上最著名的清官，是北宋的包拯（999—1062）。明清以来，各式各样的包公戏，以及相似的海（瑞）公戏、狄（仁杰）公戏，成为中国风格的侦探推理文学。当然，与福尔摩斯（Sherlock Holmes）不同，这些作品特别强调清官廉吏与贪官污吏、皇亲国戚的对抗，赞扬清官不畏权势，秉公执法，为小民百姓伸冤。这是一种市民阶层的向往和呼吁。

与儒家的乌托邦理想相比，“清官”思想更现实一些。但是从然明对子产的恭维中，也可以看出后来普通百姓的“清官”思想中浓厚的宿命色彩——缺乏自省和自信，只是消极地等待着“青天大老爷”的明断。

二、综合思考和练习

1. 老子原以“天网恢恢，疏而不失”来形容宇宙自然规律无所不在。[11]人们借用这一成语，表示天理昭昭，坏人迟早要遭天诛地灭。而后，这句成语更多地用以形容国家法网虽宽，但不会漏掉坏人，并且派生出“法网难逃”之类的成语。

自然规律——天理道德——国家法律，“天网”的概念是中国人社会观念的一个缩影。

2. a. 商鞅（约前 390－前 338）变法时，厘定当时的各种“刑”、“法”，划一称“律”。法：氵（水），寓意执法公正，“一碗水端平”。德、律：彳（道路），寓意一律，无例外。

b. 罒＝天网之“网”。

c. 犭＝犬。如果你对犬吠没有什么好感，就可知中国人为什么不喜欢打官司了。

3. 这是叶公（A）与孔子（B）关于“直”的一段争论。叶公的“直”指 b；孔子的“直”则指 d。[12]曾有人问孔子：“以德报怨，好不好？”孔子说：不如“以德报德，以直报怨。”[13]

直率的、合乎自己真情实感的，无论是德是怨，都比违心的、虚情假义的德要好。而在孔子看来，爱自己的亲人，这是最直率的、合乎人的真情实感的。

参考资料：

①《广州文摘报》，1992 年第 37 期，第 4 版。

②国务院新闻办公室：《中国改造罪犯的状况·前言》(《光明日报》，1992 年 8 月 12 日，第 1 版)。

③钟锋　编译：《英汉典故辞典》(漓江出版社，1991)，第 262

页。

④沙莲香：《中国民族性（二）》（中国人民大学出版社，1987），第10章第2节。

⑤杨涛：《无法执行的判决》（《中国广播报》，1992年第11期，第4版）。

⑥J. 霍尔：《西方艺术事典》（迟轲译，广东人民出版社，1990），第450页。

⑦《礼记·礼运》。

⑧中央人民广播电台“午间半小时”节目（1992年9月17日）。

⑨《老子》，第78章。

⑩《贞观政要》，第4卷。

⑪同⑨，第73章。

⑫《论语·子路》。

⑬《论语·宪问》。

第9讲
红尘
（自然·人生）

人生活在大自然中。对自然的不同看法，产生不同的人生观（§9.1）。过去的民间宗教相信，一个人做了好事或者坏事都会得到“报应”（§9.2）。道家的故事则告诉人们，生活中的好事可能变成坏事，坏事也可能变成好事（§9.3）。道家和佛教思想影响下形成的人生观（§9.4），我们不妨与现代人的生活态度比较一下。

§9.1 杞人忧天 （《列子》）

有一个杞国［Qǐguó］人，总是担心天会塌［tā］下来，地会陷［xiàn］下去。他每天想着这件事，吃不下饭，睡不好觉。

有位先生见到他这个样子，就开导［kāidǎo］他说：“天是气聚积［jùjī］起来的。气到处都有，你的呼吸，你的动作，不是都在天之中进行的吗？你为什么要担心天塌下来呢！”杞人问：“天如果是聚积的气，那么日月星星不是要掉下来了吗？”那位先生说：“日月星星只是会发光的一团团气，即使掉下来，也不会打伤你的。”

杞人仍然不放心：“那要是地陷下去怎么办？”

那位先生非常耐心，继续解释道：“地是土和石头聚积起来的。土和石头到处都有。你走路坐车，不是都在地的上面进行的吗？你为什么要担心地陷下去！”

杞人终于放心了。那位先生看他放心了，也十分高兴。

长庐子［Chánglúzǐ］听说这事，笑道：“既然知道天是气聚积起来的，地是土和石头聚积起来的，怎么能说天不会塌，地不会陷。所谓天地，只是无限［wúxiàn］虚空［xūkōng］中的一个小东西——当然，在一切有形状［xíngzhuàng］的东西中，天地是最大的。担心天塌地陷，是想得太远了，但是，天地迟早是要塌陷的。到了天塌地陷的那一天，人们怎么可能不担心呢。”

列子［Lièzǐ］听了长庐子的话，也笑了：“说天地会塌陷是错的，说天地不会塌陷也是错的。因为天地会不会塌陷，什么时候塌陷，这是我不可能知道的。活着的时候，不会知道死了以后是怎样的，死了以后，也不会知道活着

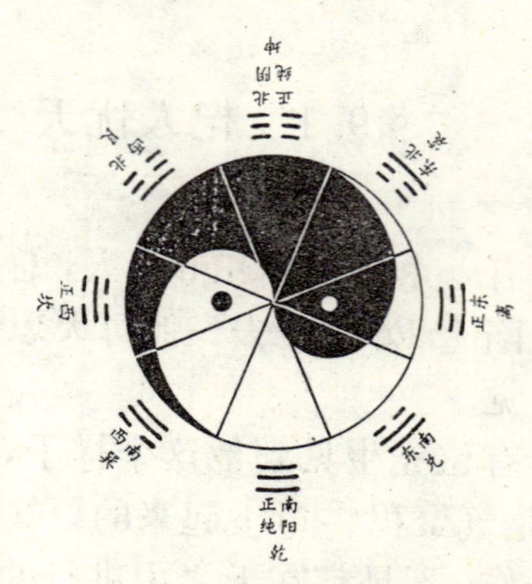

9-1 太极图——自然规则的示意图

的时候是怎样的。天地会不会塌陷，我为什么要担心呢！”

思考和练习：

1. 成语“杞人忧天”的意思是什么？
2. 这四个人中，你比较同意谁的看法？
3. 长庐子说天地会崩塌，列子为什么说他错了？

注释：

(1)《列子》：相传战国时期郑国人列御寇的著作。现存实际大部分可能是晋代的作品。内容多为民间传说、寓言和神话。以道家思想为主，又往往反映出佛教的影响。

§9.2 燕子 （《续搜神记》）

有家人生了个三胞[bāo]胎[tāi]，都是男孩。可是孩子们长到快二十岁了，还都不会说话。

有一天，有位客人来这家做客。见到这三个可怜的孩子，便问：“他们是什么人？”主人叹了口气，说：“是我的孩子，都是哑巴[yǎba]。”客人十分同情，皱[zhòu]了一下眉头[méitóu]，对主人说：“这是什么原因造成的，您没有想过吗？”

主人听客人这么一说，吃了一惊。他低着头，想了半天，忽然想起了什么：“对了。我小时候，在我的床头上有个燕子[yànzi]窝[wō]，窝里有三只小燕子。燕子妈妈从外面找到吃的东西回来，三只小燕子就张开嘴来要东西吃。我把手指伸进燕子窝，小燕子也张开嘴来。后来我因为调皮[tiáopí]，摘了一些草刺[cì]喂它们吃，结果三只小燕子都死了。这件事情现在才想起来，真是后悔莫及［hòuhuǐ mò jí］。”

客人点点头：“是啊，大概就是这么回事。”

正在这时，三个哑巴孩子忽然都能开口说话了。

思考和练习：

1. 主人的孩子不会说话，为什么和小燕子有关系？
2. 在故事中，燕子是一种怎样的动物？
3. 故事说的是，人做了坏事，一定会得到____。（报答/报应）

注释：

(1)《续搜神记》：传奇故事集（参见§1.2注释）。相传是东晋时期文学家陶潜（365？—427）编撰。

§9.3　塞翁失马　（《淮南子》）

有一位老翁［lǎowēng］，家住在边塞［biānsài］地区。

有一天，他家的一匹马突然逃走了。他的邻居都来安慰他。老翁却说：“这为什么不会是好事呢？”

过了几个月，他的马带着北方胡人［Húrén］的一匹骏马［jùnmǎ］回来了。人们都来向他表示祝贺。他却又说：“这为什么不会是坏事呢？”

果然，他的儿子很喜欢骑着胡人的骏马出去游玩，有一次从马上摔下来，把腿摔断了。人们又来安慰老翁。可他又是那一句：“这为什么不会是好事呢？”

过了一年多，胡人攻打［gōngdǎ］边塞地区。住在边

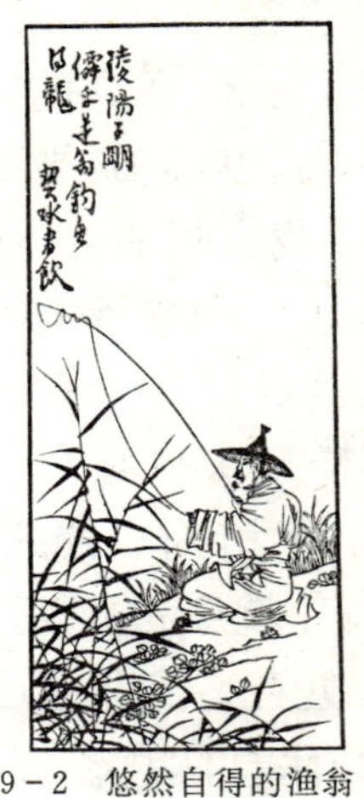

9-2　悠然自得的渔翁

塞附近的男青年都上战场［zhànchǎng］参加抵御［dǐyù］胡人的战斗。战斗十分激烈［jīliè］，老翁的许多邻居都有亲人在战斗中死了。而老翁家里，因为儿子跛脚［bǒjiǎo］，不能参加战斗，所以一家人安然无恙［ān rán wú yàng］。

思考和练习：

1．“塞翁失马”是一句成语的上半部分。成语的下半部分是什么？什么时候可以对人说这句成语？

2．老翁的马带回一匹好马，人们都说他________。（祸不单行/因祸得福）

3．老翁碰到好事就说“可能有祸”，碰到坏事就说“可能有福”。你赞成他的这种生活态度吗？这种生活态度对人会有什么好的或者不好的影响？

注释：

（1）《淮南子》：西汉哲学家刘安（前179—前122）组织几千人编写而成。以道家自然思想为主，也兼有法家、阴阳家等的思想。刘安，沛（今江苏沛县）人。汉朝建立者刘邦的孙子，世袭封淮南王。好学多才，爱好音乐。

§9.4　松风亭　（《东坡志林》）

我住在惠州［Huìzhōu］嘉佑寺［Jiāyòu Sì］的时候，

经常在山上散步。有一回走得累了，便想着走到山顶的松风亭里休息一下。可是抬头望望，亭子还在高高的树梢［shùshāo］后面呢。我心里寻思［xínsi］：“唉，这要到什么时候才走到啊？”又往上走了一段路，我心里忽然一动，停下脚步，大笑起来：“嗨［hài］，什么地方不能休息呢！”我一屁股坐在石阶［shíjiē］上，真觉得自己像一条挣脱［zhēngtuō］了钓钩［diàogōu］的鱼那样自由自在。

做人也应该明白这一点：在刀枪相对、喊声震［zhèn］天的战场，向前冲锋［chōngfēng］就会被打死，向后逃跑［táopǎo］就要按军法［jūnfǎ］处死。到了那个时候，也不妨［bùfáng］先坐下来，好好休息休息。

9－3　“寿”，永远是美好的祝福

思考和练习：

1. 作者原来打算在哪儿休息，后来为什么改变了想法？
2. 作者说他明白了一个道理。这个道理是关于战争的吗？
3. 作者认为，做人不应该________。（疲于奔命/优哉游哉）

注释：

(1)《东坡志林》：作者苏轼（1036－1101），眉州（今四川眉山）人。北宋文学家。性格豁达，学识渊博。文章诗词和书画在文化史上都很有影响。由于对抗和批评当时统治者的观点，被数次贬往边远地区，生活动荡。他的思想兼受儒、道、佛的影响，但更多地接受佛学思想。

（2）嘉佑寺：遗址在今广东惠州市。

综合思考和练习：

1. 找出每组词语带点字的相同偏旁：

a. 生命　时令　　b. 虚伪　假装

2. 以下词语哪些表示“好运气”：

a. 倒霉　b. 如意　c. 事与愿违　d. 走运　e. 不幸中的大幸

3. 喜欢把自己的生活和自己的“运气”联系起来的人，一般是生活____的人。

a. 很好　b. 平静　c. 过得去　d. 糟糕

4. 有人说，“人生如梦”，那是什么意思？是不是说：人生常常________。

a. 过得很快　b. 没有目的　c. 没有意思　d. ____

5. 谈谈你对以下观点的看法：

a. 一个人觉得自己的生活没有意义的时候，选择自杀是不奇怪的。

b. 一个人得了痛苦而且不能治好的病，他有权选择“安乐死（euthanasia）”。

6. 你什么时候最高兴？

a. 开始一个新的工作。b. 艰苦的工作得到成功。c. 正在做你喜爱而且熟悉的事情。d. 放弃你早就不想做的事情。

7. a. 你满意自己现在的生活吗？如果你赚了或者继承了一大笔钱，你会改变现在的生活吗？

b. 现在，你并没有这一大笔钱。你会怎样面对现在的生活？

8. 曾经有人预测你的未来吗？他是根据什么预测的？你有没

有记住什么特别的话？

专题参考

一、思考和练习及注释

§9.1

2. 我的德国学生 Markus J. Boehm 是这样回答这个问题的：“作为一个 20 世纪的人，我知道天地不会塌陷。虽然现代科学给我们带来了这个知识，但是它也不会否认世界是可以消灭的。思索天地会不会塌陷这个问题太幼稚了。可是我们应该担心我们目前的这个世界是不是可以消灭的。我们明明（很清楚地）知道是可以的。我们生活在一个有核武器与环境污染双面（双重）威胁的世界。何必（怎么能）不担心我们共同的未来？”

3. “希望（Hope）”被称为基督教的三要素之一。[①]其拟人形象为仰望上天，伸手去接天使送下来的代表荣耀的冠冕。这种宗教思想否定现世而寄望天国，当然地被重视现世、重视家园的中国人嘲笑为吊生庆死，无视人伦。[②]这是中国社会少有接受基督教思想的重要原因。故事中列子的人生观，用一句流行的话来说就是“把握你的今天”。在这一点上，儒家与道家的态度是一致的。孔子的学生曾请教“死”的问题，孔子一口回绝：“未知生，焉知死！”[③]

§9.2

1. 佛教说，前生与今生“轮回（Samsara）”，所以人们感激恩人时说：“来生做牛做马报答你。”《红楼梦》中，因为贾宝玉的前生曾在仙境中浇灌一棵仙草（黛玉的前生），于是黛玉的今生要用眼泪来还这笔情债。

不过，由于重视现世，中国的传统更多采纳“因果报应”的说法，以“善有善报，恶有恶报”督促为善。[4]中国历代的笔记故事，其特色之一，就是往往有“报应”一门，专记人们行善为恶的结果。现代描写城市生活的故事，有一种类型也不乏“报应”的痕迹：某年轻人不礼貌地对待一个陌生的老年人（欺骗老年人或是态度粗鲁），不久他便尴尬地发现，那个老年人正是自己恋人的父（母），于是这个年轻人只好逃之夭夭。

《燕子窝》属于“因果报应”故事中“父债子偿”的类型。对重视家族传承的中国人来说，使他的子孙后代受罪更甚于惩罚他自己。

2. 燕子爱住在屋檐下，也就似乎与一个家庭的兴衰有了关系。刘禹锡的《乌衣巷》诗以“旧时王榭堂前燕，飞入寻常百姓家”表现人们对世事沧桑的慨叹。《虚谷闲抄》记载，有两户人家的燕子窝被有意无意破坏之后，居然有龙或凤凰从燕子窝中飞出。数年之后，两户人家都破落了。[5]笔者幼年住在闽西乡下，大人都告诫孩子，不得捅房檐下的燕子窝，否则燕子的叫声就是“死绝！死绝！”

§9.3

1. 孔子总结其人生经历是“三十而立，四十不惑，五十而知天命。”[6]这后来也成为传统上对人生阶段的划分。老人是人生经验和智慧的象征，谈论人生哲理的多半是“塞翁”、“愚公”或者“智叟”。

2. 古希腊的赫拉克利特（Heraclitus）以其“人不能两次踏进同一条河中”之说，使西方对世界的构成产生了疑惑和恐惧，但是中国人对世界的认识体系中却没有这种恐惧。[7]正如苏轼在《前赤壁赋》中所说：“自其变者而观之，则天地曾不能以一瞬；自其不变者而观之，则物与我皆无尽也。”

英译为“The Book of Changes”的《周易》，就是综合道家的“变化”和儒家的“和谐”思想来解释世界和人生的。后人更用太极图来表示这种变化与和谐的关系。阴、阳在极盛之处互相孕育着对方的“一点”，说明它们是“你中有我，我中有你”。扭动的S线显示出阴、阳的和谐与相互依赖，也预示着它们相互转化的可能，预示着和谐将不断打破和重新建立。

自然规律如此，人生也是一样，“祸福相倚”始终是传统人生观的核心。“否极泰来”给人以困境中的希望，“乐极生悲”给人以居安思危的戒惧。

§9.4

1. “心里忽然一动”，突然领悟到生命和世界的真谛，这就是六祖慧能（638—713）禅宗（Zen）最重要的“顿悟”。

2. 在苏轼看来，在人生这个战场上，“勇于敢则杀，勇于不敢则活。”[8]“胜利者招怨恨，失败者卧苦恼；寂静者舍弃胜败，心平和者住安乐。”[9]

“死亡、贫苦，人之大恶存焉。”[10]人们总是企望生存与富有。但是谁又不知道“树大招风”呢。美国人追求出人头地，却也有一句“Fattenin' hogs ain't in luck（人怕出名猪怕壮）”的俚语。中国有一句成语“急流勇退”，意在告诫人们，事业顺利或得意时应该及早退出。

有意思的是，在西方人热衷于禅宗、老庄之说的同时，现代中国人则越来越多地批评消沉避世的人生观。“急流勇退”派生出了“急流勇进”，表示积极进取，“迎着困难上”。

东西方都在互相汲取着对方的人生思想。

二、综合思考和练习

1. a. 令：口（A→人）向下对一个跪着的人（⺋→マ）发号施令。《春秋元命苞》说：“命者，天之令也。”在周代，“命”字常常就写作“令”。

b. 亻＝人：人为的就是虚假的。自然而不做作才是真实。

5. a. 和 b. 在某种程度上说可以认为是同一个问题。但是人们的回答却截然不同。80 年代初欧洲对 22 种有争议行为的判断调查表中，对“安乐死”的宽容度仅次于“正当防卫杀人”、“离婚”和“堕胎”，居第四位，“自杀”位于第十一位。[11]中国传统重视现世的生活，更因为有“身体发肤受之父母，不敢毁伤”的古训，所以舆论至少认为自杀是一种令人惋惜的错误。而安乐死的概念虽然是在 80 年代初才进入中国的，却引起了相当多的共鸣。一项对上海市 200 余名老人、河北职工医学院 400 余名工农、干部和医务人员以及北京 500 余人的调查显示，赞成安乐死者分别为72.56%、61.59%和79.8%。[12]

参考资料：

①《圣经·哥林多前书（1 Corinthians)》。

②J. 谢和耐：《中国文化与基督教的冲撞》(于硕等译，辽宁人民出版社，1989)，第 4 章 5 节。

③《论语·先进》。

④钱钟书：《管锥篇》(中华书局，1979)，第 335－337 页。

⑤周学肃：《古今怪异集成》(中国书店，1991)，下编，第5页。

⑥《论语·为政》。

⑦秦家懿、孔汉思：《中国宗教与基督教》(吴华译，三联书店，1990)，第 165 页。

⑧《老子》，73 章。

⑨《法句经（Dharmapada)》，第 201 节。

⑩《礼记·礼运》。

⑪让·斯托策尔：《当代欧洲人的价值观念》(陆象淦译，社会科学文献出版社，1988)，第 24 页。

⑫张爱平：《安乐死在中国》(《光明日报》1992 年 8 月 15 日，第 5 版)。

第 10 讲

海外奇谈

(国际交往)

传统上，中国人对自己的家是非常满足的，所以把她叫做“中国”，而对外面的世界，人们也有好奇心。从以下的故事可以看到：3 世纪前后，印度文化对中国的影响（§10.1），9 世纪时，中国作为一个封建大帝国，与邻国交往的心理（§10.2），15 世纪时人们传说的海外历险故事（§10.3），以及 16 世纪的中国人对西方事物的理解（§10.4）。

§10.1　魔术师　（《搜神记》）

西晋时期，有一位天竺 [Tiānzhú] 胡人渡过长江，来到南方。这个胡人会魔术 [móshù]，能表演“断舌 [duàn shé]”、“吐火”之类的杂技。因此每到一个地方，总是有许多人围观 [wéiguān]。

表演“断舌”时，他先伸出舌头给观众看，然后一刀把舌头割下来，鲜血 [xiānxuè] 淋漓 [línlí] 地放在碗里，让众人看。人们再看他的口中，还可以见到那剩下的半截 [jié] 舌头。这魔术师把舌头要回来，又含进口中。他坐了一会儿，张开嘴巴。大家却看见他的舌头仍然完好[wánhǎo]，也不知道他的舌头到底断过没有。

这位魔术师不仅会表演“断舌”，还会表演“断布”。他拿一块布，找两个人各拿一头，他从中间把布剪成两半，接着又把两块布合起来。人们一看，布又成了完完整整的一块。很多人怀疑[huáiyí]他并没有把布剪断，悄悄地试了一下，结果发现布真的是剪断了的。

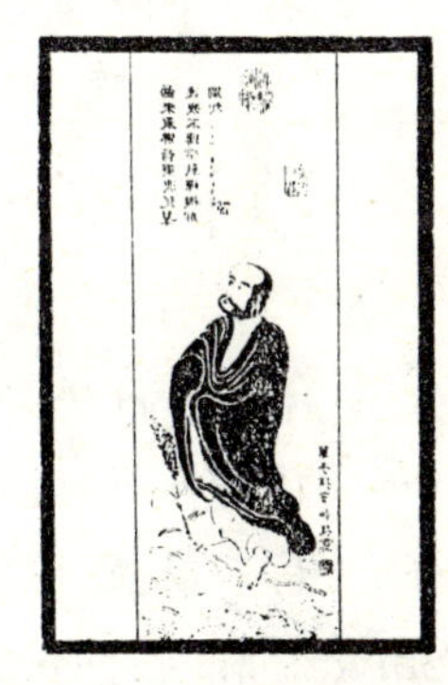

10-1 著名印度僧人达摩(Bodhidharma，？—528？)渡长江北上

“吐火”的表演是这样的：他先在一只碗中放些药粉[yàofěn]，用糖浆[tángjiāng]拌[bàn]在一起。再取一点火星[huǒxīng]一边拌，一边吹气。接着把口一张，立刻有一股火苗[huǒmiáo]窜[cuàn]进口中。他吐出口中的火，将地上的草点着，再拿些纸张和绳子扔进火里。观众眼看着这些东西被火烧成灰，可是魔术师把灰拨[bō]开，捡出来的纸张和绳子还像原来的一样。

思考和练习：

1. 故事说，这位印度人是渡过长江来到南方的。请你设想一下他从印度来中国的旅行路线。

2. 你知道印度对中国影响最大的是什么？

a. 语言　b. 文学　c. 艺术　d. 宗教

注释：

（1）《搜神记》：见§1.2注（1）。

（2）天竺：中国古代对印度的称呼。

§10.2 手谈 （《杜阳杂编》）

大中年间，日本国王子来访，带来很多很多宝物[bǎowù]和乐器[yuèqì]，皇帝也安排了各种歌舞和宴会招待王子。王子喜欢下围棋[wéiqí]，于是皇帝命令顾师言[Gù Shīyán]和王子下棋。

王子拿出棋盘[qípán]和棋子[qízǐ]，介绍说："日本以东三万里，有一个集真岛[Jízhēn Dǎo]，岛上有个地方叫做凝霞台[Níngxiá Tái]，台上有手谈池。这些棋子就是这个池子里的。这种棋子不用经过加工，就自然黑白分明[fēnmíng]，而且夏天摸着凉快，冬天摸着温暖，所以叫做'冷暖玉[yù]棋子'。池中还出产纹理[wénlǐ]像楸[qiū]木的玉。用这种玉做成的棋盘，像镜子一样光滑[guānghuá]，叫做'楸玉棋盘'"。

顾师言与王子开始下棋。下了三十三手，还没有办法分出胜负[shèngfù]，顾师言担心辜负[gūfù]了皇帝的嘱托[zhǔtuō]，急得两手冒汗。想了很久，才下了一手，叫做"镇神头[zhènshéntóu]"—— 这是顾师言的绝招[juézhāo]。王子瞪[dèng]大眼睛，肩膀[jiānbǎng]一耸[sǒng]，认输[rènshū]了。他回头问翻译："这位先生是贵国第几高手[gāoshǒu]？"翻译撒[sā]了个谎[huǎng]说：

“第三。”实际上顾师言是当时的第一高手。王子说：“我希望见见第一高手。”翻译说：“王子胜了第三，才能见到第二；胜了第二，才能见到第一。您这样就想见第一高手，那可不行！”王子一边收拾棋盘一边叹气说：“是啊，是啊，小国第一到底不如大国第三。”

10－2　制成海外仙山形状的香炉

思考和练习：

1. 王子说，日本国以东有一个集真岛。你猜一猜集真岛大概是什么地方？

2. 集真岛凝霞台上有一个“手谈池”。什么叫做“手谈”？

3. 顾师言担心下棋输了会“出____相”，所以用了自己的绝招。

注释：

(1)《杜阳杂编》：唐代苏鹗(约 890 年前后在世)著。该书记事上起 763 年，下至 873 年，记载当时听说的各种奇特技艺和宝物。多涉及与外国往来之事，但也有不少夸张失实的地方。

(2)大中：唐朝年号(847—859)。

§10.3 珍珠 （《冶城客论》）

永乐年间，下西洋的船队中有一个士兵［shìbīng］得了疟疾［nüèji］，眼看就要死了。船上有些人想把他扔到海里去。好在一名船工［chuángōng］和他是老朋友，向大家求情［qiúqíng］，给了这个人一些衣服、粮食和锅碗之类的用品［yòngpǐn］，把他送到一个海岛上。

这个士兵上岛不久，就淋了一场大雨。大雨之后，病竟然好了。他找到了一个岩洞［yándòng］，住了下来。岛上草木茂盛［màoshèng］，树林里有很多鸟窝，地上到处都是鸟蛋。士兵就捡鸟蛋吃。只过了十几天，他的身体就康复［kāngfù］了。

不久，他注意到海边总是发出奇怪的风雨声。这风雨声早晨从岛上移［yí］向海里，傍晚又从海里来到岛上。他觉得奇怪，便悄悄地前去观察，发现地上有一道长长的、滑溜溜［huáliūliū］的、像是蛇爬过的沟。他砍了一根竹子，削［xiāo］成一把竹刀，趁夜晚把竹刀插在沟里。第二天早上，他听到那阵风雨声又从岛上移向海里。到了傍晚的时侯，却再也没有动静［dòngjing］了。他跑去一看，只见满沟鲜血之中，到处都是珍珠，大的直径［zhíjìng］超过一寸。大概那条大蛇被竹刀割开肚子以后，已经死在海里。这些珍珠，则来自蛇平时吞食［tūnshí］的海蚌［bàng］。

于是，这个士兵每天跑去捡一些珍珠。总共［zǒnggòng］捡

10－3　下西洋的船队

了几斗［dǒu］，放在岩洞里。过了一年多，士兵望见他乘坐的那条船又开回来了，他大喊救命。船上的官员就让人把他救上了船。士兵把前后经过说了一遍，又把他捡到的珍珠搬上船来。官员把十分之一的珍珠分给了他。士兵回国之后，成了大富翁［fùwēng］。

思考和练习：

1. 现在中国所说的“西洋”是指什么地方？

2. 根据故事描写的海岛景物，他能不能指出，这个海岛大概在什么地方？

3. 这个故事发生前后，西方有过什么著名的航海活动吗？

注释：

（1）《冶城客论》：笔记文集。明代陆采著。

（2）永乐：明朝年号（1403—1424）。

§10.4　西洋画　（《客座赘语》）

利玛窦［Lìmǎdòu］是西洋欧罗巴人。脸白，胡子卷曲［juǎnqū］，眼窝［yǎnwō］很深，眼珠［yǎnzhū］像猫眼一样黄。他会说中国话。来南京以后，就住在正阳门西边。

利玛窦说，他们国家崇拜［chóngbài］天主。所谓天主，就是创造［chuàngzào］天地的人。画出来的天主，是个小孩，由一个妇人抱着。这妇人叫做天母。画儿是画在铜版［tóngbǎn］上的，而且涂［tú］上各种颜色。画上的人栩栩如生［xǔ xǔ rú shēng］，身体和手都好像隐约［yǐnyuē］地从铜版上凸［tū］起，脸上的凹［āo］凸之处看上去也和真人没有什么两样。

有人问利玛窦，为什么能画成这样。利玛窦回答说："中国画只画阳不画阴，所以看上去，人的面貌身体都是平平的，没有凹凸起伏。我们国家的画儿画阳也画阴，所以脸上有起有伏，手臂［shǒubì］也显得圆圆的。人们正面迎着太阳的时候，整个脸都显得明亮；如果是侧［cè］着身子，那么就是向阳的一边明亮，而不向阳的那边脸，眼耳口鼻的凹处就都显得很暗。我们国家作画的人知道这个道理，并按照这个道理来作画，所以能画得像真人一样。"

思考和练习：

1. 利玛窦来中国时，中国人对西洋画还有些________。(少见多__/司空见__)

2. 利玛窦解释西洋画和中国画的区别是什么？

3. 在故事里，作者对西方的宗教感兴趣吗？

注释：

(1)《客座赘语》：记载南京故实杂闻的笔记文集。作者是明代顾起元（1565—1628)。江宁（今江苏南京）人。曾任文官管理部门和宫廷秘书部门的高级官员。

(2)利玛窦：(Matteo Ricci，1552—1610)，意大利传教士。1582年到中国，先在广东肇庆学习汉语，后到南京、北京等地活动。他在中国期间，介绍了很多西洋的科技、美术、宗教知识。

综合思考和练习：

1. 解释成语“海外奇谈”的意思。
2. 填空并解释带点的词：

   五__四海　　夜郎自__　　天方夜__
3. 用a. 胡　b. 番　c. 洋　d. 西　填空：

   1）__茄　2）__气　3）__餐　4）__火　5）__薯　6）__萝卜　7）__须　8）__财　9）__椒　10）__装　11）__说　12）__娃娃
4. 解释带点的词：

   “有朋自远方来，不亦乐乎！”（孔子）

   “四海之内皆兄弟。”（孔子）

   “海内存知己，天涯若比邻。”（唐代诗人王勃）
5. 你知道汉语中对“中国”还有什么称呼？

   a. 中原　b. 神州　c. 华夏　d. 中华
6. 你知道汉语中对“中国人”还有什么称呼？

   a. 秦人　b. 汉人　c. 唐人　d. 清人　e. 华人
7. 汉语中的东洋和西洋是指哪里？南洋和北洋是指哪里？
8. 人们所说的“东西方文化对比”中的东、西方是指哪里？

专题参考

一、思考和练习及注释

§10.1

1. 这个渡过长江来到江南的印度魔术师无疑是沿“丝绸之路”而来的。西汉首都长安常有西域魔术师“吞刀吐火”，汉代画像石上也有高鼻深目的外国魔术师表演吐火的形象。[①]

2. 佛教在公元1世纪前后传入中国时，还只是被当做和“吞刀吐火”相似的法术，后来则以其“清虚无为”和道家之学相比附。而后，佛教与儒家和道教思想互相斗争和融合。儒、佛思想融合的最重要标志，就是唐代产生的佛教“禅宗”和宋代产生的儒家“理学”。它们对中国社会后来的发展有很大影响。[②]

佛教的传入，也在其它方面广泛影响了中国社会：如语言方面的反切注音法；文学方面的变文和志怪小说，据说孙悟空即演变自印度史诗《罗摩衍那（Ramayana)》中的猴王；艺术方面的雕塑和绘画，唐代诗人王维（701—760）以“诗中有画，画中有诗”闻名，他被后人称为“诗佛”。

§10.2

1. 据说，围棋是赴唐朝留学的日本学者吉田真备（约694—775）传入日本的。[③]日本平安时代（794—1192)，围棋在贵族阶层开始流行。但历史上，日本国并没有王子来中国访问。故事中的“王子”实际上可能是商人一类的人物。“三万里”也可以看作是一个夸大的虚数。根据集真岛“凝霞”的特征猜测，这可能是指有火山活动的岛屿，如夏威夷群岛。至于围棋子是否产于火山口（手谈池?）就不得而知了。

中国古代传说东海上有三座仙山。秦始皇就曾派人出海寻找长生不老药。汉代香炉的盖子常雕镂成山峦的形状，并以传说中的仙山“博山”命名。集真岛的故事自然很能引起古代中国人的兴趣和共鸣。

2、3. 东晋高僧支遁把下棋称为“手谈”——不需要语言的友好交谈。相对而言，体育交往不受各民族复杂的语言、文化背景和迥异的审美趣味所限。它是现代国际重要的文化交往形式。

当代的中国不再以大国自居。政府重视发展体育，以为对外交往的重要手段。70年代初开展的“乒乓外交”，成功地打破了与美国交往的僵局。中国在1990年举办第十一届“亚运会”以及申办2000年“奥运会”，都是在“友谊第一，比赛第二”的口号下，以外交为主要目的。

§10.3

1. 元、明时把今南海以西（约自东经110°以西）的海洋及沿海各地（远至印度及非洲东部）统称为西洋。明末清初以后，由于欧洲传教士在中国频繁活动，中国人即以“西洋”指大西洋两岸的欧美各国。

2. 永乐三年（1405）明朝皇帝派遣早年曾居留海外的宦官郑和（1371—1435）率领两万七千多人，分乘六十二艘远洋帆船，从江苏出发，经南海，到越南、爪哇（Java）、苏门答腊（Sumatra）、锡兰（Ceylon）等地。在以后的二十八年中，郑和的船队总共七次出洋，最远到达东非、红海和伊斯兰圣地麦加（Mecca）。沿途以瓷器、丝绸等换取当地特产，并带回关于地理和航线的丰富资料。这就是历史上著名的“郑和七下西洋”。

3. 1492年，西班牙航海家哥伦布（Christopher Columbus）开始了他寻找印度的探险航行，他发现了美洲和西印度群岛，也拉开了欧洲诸国殖民掠夺的序幕。

中国文化在东方长时间处于遥遥领先的地位，中国人自信其文化会自然影响邻近地区。她也不想好战掠夺，长城的修筑就是一个典型的防御姿势。王昭君和文成公主（? —680）式的和亲则是与少数民族交往中常见的方式。在郑和下西洋前后，中国产生不少海外历险故事，仍然大多是描写风土的猎奇，而不是疯狂的寻宝。凌濛初（1580—1644）笔下的文若虚，经商屡屡倒运折本，偶然乘海船到海外观光，却无意间用一筐洞庭桔子卖得几百两银子。在荒滩上拾到一个龟壳，又在里面发现珍珠，卖了五万两银子。但这一切并没有激起他的野心，只是把这些当作一时转运而已。④

随着国际交往的日益频繁，人们对海外有了越来越多的了解。清初陈忱的《水浒后传》把暹罗国作为梁山好汉的复兴基地，李汝珍（1763? —1830?）的《镜花缘》更以海外乐土讥讽清朝的社会弊端，显示人们开始改变视海外为蛮夷的传统心理。

§10.4

2. 利玛窦以中国传统的阴阳观念巧妙地解释西洋画处理受光和背光的原理。光线处理产生的中西差异在人物画方面表现最明显。在风景画方面，最明显的差异则是西洋画对透视原理的运用，使西洋画肯定是在某一角度观赏到的风景。然而，对中国山水画的观赏则要顺着卷轴的展开而不断变化观赏角度。观众像画中的人物一样置身山水之间，过了一山再一山。从某种程度上，也可以说，中国传统绘画对山水画的理解，类似于对盆景的观感。

2. “天主”是天主教对God的译称，基督教新教译为“上帝”。故事中的天主实为耶稣(Jesus)。“天母”(Virgin Maria)现改译为“圣母”。

正如乔纳森·斯潘塞所说：“中国人不要上帝！”⑤总的来说，中国人对西方的宗教思想是漠然的，务实的中国人对西方的科学却有浓厚的兴趣。由于有儒家入世的传统精神，中国人也十分留意西方的社会政治思想。马克思主义的唯物论（materialism）符合中国人对世界的基本观念，而传统的“正反相形”（参见专题参考§9.3）又与辩证思想（dialectics）在某种程度上有类似之处，“剩余价值（surplus value）”理论更使具有“均贫富”理想（参见专题参考§5.2)的中国人在封建统治和西方侵略的双重压迫下产生共鸣。

二、综合思考和练习

3. A. 胡：唐代以前的翻译词语多用。后来以“胡”为词根产生的新词常带贬义。如胡闹、胡扯、胡乱，但大多已与外国事物无关。

B. 番：古代对西南少数民族的统称。南北朝前后已见于翻译词语。在南方闽粤方言区沿用时间较长，如番石榴、番薯、番鬼佬(外国人)、半番(假洋鬼子)等。

C. 洋：明清时期多用于外来物品名称翻译。现在多被取代，如洋灰→水泥，洋火→火柴，洋油→煤油。如果是称呼或形容词则多有贬义，如洋奴、洋场、洋财、洋气等。

D. 西：较为中性的翻译用词。如西装、西药、西式就没有洋装、洋药、洋式的讥贬色彩。

5. a. 指黄河中下游地区，“中国”、“中华”原来也指这一带。b. 和 c. 的文学色彩较浓厚，正式场合则常用 d.。

6. b. 指汉族人，与少数民族相对。c. 多在海外华人社区使用，如唐人街、唐餐(中餐)、唐装(中式服装)。d. 英语的 Mandarin 指清朝官员或官话，据说为“满大人”的译音。现在英美国家仍沿用以指汉语普通话。

7. 元、明时以今南海东部(约自东经 110°以东)及附近岛屿为东洋(参见专题参考§10.3)。清代以来，多称日本为东洋，抗日战争以后，“东洋”少见于正式的场合。

清末时曾把江苏以北与以南沿海各省分称为北洋、南洋。但今天只有南洋之称，指东南亚。

8. 关于“西方”的概念并不是十分确定的。在词典里，对“西方”的解释是“指欧美各国，有时特指欧洲资本主义各国和美国。”[6]在进行“东西方文化比较”时也是以此为准。不过在谈政治、经济状况时，人们似乎还将日本也列入“西方资本主义国家”之列。

对于进行跨国文化对比的人来说，更不可避免地潜在着这样一种危险：即我们爱把某种文化现象典型化为“东方的”、“西方的”、“中国的”、“美国的”等等，从而导致老一套的成见与偏见！[⑦] 笔者尤其要指出，对中国这样一个历史悠久、幅员辽阔、人口众多的国家，读者更不要迷信任何一本书（包括本书）的所谓典型文化特征。

让我们记住孟子的一句话：

尽信书，不如无书！[⑧]

参考资料：

①吴曾德：《汉代画像石》（文物出版社，1984），第100页。

②夏乃儒　主编：《中国哲学三百题》（上海古籍出版社，1988），第81—85页。

③李德安　主编：《日本知识词典》（湖北辞书出版社，1991），第492页。

④《初刻拍案惊奇·转运汉巧遇洞庭红》。

⑤乔纳森·斯潘塞：《改变中国》（曹德骏等译，三联书店，1990），第1页。

⑥中国社会科学院语言研究所　编：《现代汉语词典》（商务印书馆，1983），第1227页。

⑦诺·佩塞施基安：《东方故事与心理治疗》（明太等译，国际文化出版公司，1989），第32页。

⑧《孟子·尽心下》。

THROUGH THE AGES

(English Translation)

Li Mingjian

I Family

The bone and the flesh, they are the most fundamental and most indivisible—to the Chinese, this is the family.

The most essential is that the off-spring must love the parents unconditionally, even they are bad-behaved parents (§1.1). From legends sound unbelievable nowadays we can see how the ancients emphasized such love (§1.2).

Then, what are the children who make their parent happy (§1.3)?

However, well in the past some people disagree that 'bone and flesh' are the most essential, they deem something more important than the 'bone and flesh' (§1.4).

§1.1 Reed Catkins-Padded Clothes

When Min Sun was young, his stepmother treated him bad. One winter she tailored cotton-padded clothes for the two sons of her own, but for Min Sun the clothes was padded wiht reed catkins.

One day Min Sun drove a horse-cart for his father. He was

shivering with such a bitter cold that he could not hold the halter. When the father hit Min Sun forthiswith anger he found the clothes was so thin. Understanding the story, the father intended to expel his biassed remarried wife. However, Min Sun advised his father by saying: "Only I feel cold when Mother is here; but if she is not here, all three children of us will become motherless." So, the father kept his wife. The stepmother was thus moved, and she treated the three children equally since then.

§1.2 Guo Ju Buried His Son

At the funeral of their father, both younger brothers of Guo Ju racketed about dividing family property. They seized all, and Guo Ju received not a penny. No other means to seek , Guo Ju and his wife were obliged to live in somebody else's house bringing with his old mother, and earned their living by working on various jobs.

Soon later, Guo Ju's wife gave birth to a son. This goes without saying was a happy event, but Guo Ju was much anxious about it. He thought: bringing up a son shall hinder his supporting his mother; in addition, the old mom shall no doubt silently save food for her grandson and she herself shall eat less. How can this be allowed! Hence, after Guo Ju discussed with his wife they brought their son to the back yard secretly, intended to dig a hole and bury him alive.

Dug and dug, Guo Ju reached a flag stone covering a jar on which it was noted 'Grant Guo Ju the Dutiful Son'. Uncovered the jar, Guo Ju found it was actually full of gold. Not knowing what was the matter, Guo Ju hastened to deliver the jar to the house-owner. The landlord dared not accept it since he was unable to make head and tail of it. Had no alternative, Guo Ju but to report the matter to the local authority. After investigation, the feudal official deemed this Heaven's decree, and he sentenced this jar of gold to Guo Ju in accordance with the inscription on the cover of the jar.

§ 1.3 The Good Son

In the evening of Solstice, the family of Zhou Song gathered gaily for dinner to celebrate the festival. Holding a glass of wine in hand, Zhou Song's old mother said to her three sons : "I had imagined when we moved to the south from the north that our living must be pitiful as we had no relatives nor friends here. Out of imagination, our family thanks to Heaven's blessings and protection and all three of you can gather at my side. What should I worry about any more?"

Hearing such, Zhou Song couldn't help kneeling down to his mother, wept: "Mom, I'm afraid not so! Elder Brother, though being ambitious and famed, is not capable in discriminating people; furthermore, he is fond of nitpicking the shortcomings of others. These, will be much unfavorable to him. As to me, my bad temper makes me displeased. Only Younger Brother, naturally mediocre and thus would not cause much problems, can accompany you till your last day !"

§ 1. 4 The Rule

There lived in Qin State was a Mr. Fu Tun who was a respected Mohist leader. Fu's son was arrested for committed homicide. King Hui of Qin hastily sent for Fu to satisfy him: "Master, you are aged while this is your only son, so I have ordered the officials not to sentence him death penalty. Please rely this case on me." Mr. Fu shook his head and said: "According to Mohist rule, murderers must be put to death while injuring be convicted. It is by so doing that maiming can be prevented. Thou Shan't Harm is a self-evident truth. Despite that Your Majesty take compassion on me and ordered the officials to exempt my son from capital punishment, yet I still have to take action in accordance with the rule of Mohism."

The son of Mr. Fu was executed finally.

Whoever on earth does not show favoritism to his son! But this Mohist leader who abandoned partialty so to uphold the truth was indeed a person of justice.

Ⅱ Education

One has to bring their off-spring up with care if he wants to keep their families prosperous permanently. What racks the parents' brains most is to select an ideal learning environment to nurture their children's intellegence and wisdom (§2.1). And, stories telling clever boys are always told (§2.2).

Generation by generation, China's parents and teachers encourage the children to study hard by quoting stories of such merits of their ancesters (§2.3). However, teachers are placed to a very special status: they receive their pupils' admiration, but are often of scanty means (§2.4).

§2.1 Why Meng's Mother Moved Thrice

When Meng Ke was a kid the Meng family lived near a cemetery. Meng Ke liked to play everywhere, he followed the grave diggers and imitated funeral procession for fun. Seeing such, Meng Ke's mother thought: "I can't allow my child stay at such a place." So she moved to a site near a market.

Since the Meng family moved to this bustle market, the young Meng Ke sported around there every day and copied the merchants' example in hawking and bargaining. His mother considered when she saw this: "It is not a suitable place for the child either." And she further moved to a house sat by a school.

In the school, the pupils had to learn family and social etiquette and ceremony, and Meng Ke so learnt various protocol and custom after them.

Only by then that Meng's mother could have a breathing spell.

§ 2. 2 A Clever Boy

When Kong Rong was ten he came to Luoyang the capital with his father.

By then, Li Ying the prosecutor in the capital was so renowned that many people wanted to visit him but only the names of his relatives and those bigshots could be passed. Once Kong Rong came to Li's gate and told the janitor: "I am a relative of Master Li." When Kong was called in, he was invited to a seat in the parlor. Li Ying glanced at such a kid and asked him with a smile: "Tell me, what kind of relatives are we?" Kong Rong answered easily: "In the past my ancester Confucius and the ancester of Your Excellency Mr. Li Boyang were teacher and student, so my family and yours can be considered having long – standing friendship." Li Ying and other guests there could not help clicking their tongues by feeling strange.

At that moment, an official Chen Wei came to Li Ying's house too, and Kong's words were quoted to him. Hearing those, Chen said in objection: "So what! Those being cleverer than others when they were young might not necessarily grow up to very different." Cast a glance at Chen, Kong Rong said: "I think you must be cleverer than others when you were young." All of a sudden, Chen Wei was at a lost for words without knowing how to respond.

§ 2. 3 Light-Stealing by Digging a Hole on a Wall

Kuang Heng was very diligent in learning. However, as his family was too poor to buy candles Kuang Heng dug a small hole on the wall and silently read at night under the candle light from the neighbor.

In the town there was a rather rich family which, though not quite educated, collected lots of books. Kuang Heng came to labor in the family, worked hard but asked for no payment. Felt curious, the boss asked him what he demanded. Kuang said, "It would be great if I could read through all your books." The master was much moved when he recognized Kuang being so eager to learn. And thus Kuang Heng read many of the collected books, then he later became a great scholar.

§ 2. 4 The Story of a Teacher

Mr. Yue was my teacher in an old-style private school when I was young. His family lived a simple life, but he had never managed to take care of it. He had three huts, one for his family and the other two were arranged as classrooms for the pupils like me.

Mr. Yue was of a very sanguine disposition and he liked to joke. We had never found him angry. One day by noon, Yue's wife sent a child to the classroom to tell Mr. Yue that lunch was not cooked as there was no rice left. Mr. Yue said: "Endure for a while further. I imagine there might be someone bringing us rice later." Seeing his mood as if nothing had happened, his wife couldn't help coming to the end of her patience and she rushed into the classroom, grasped up the teacher's pointer and beat on Yue's head. Threw away his book in hand, Mr. Yue fled outside with his arms covering his head. Being careless, he fell at the gate, facing upward. We pupils ran out from the classroom, laughing while helping Mr. Yue up by supporting his arms. Just then, my father really brought some rice to Mr. Yue. Unhastily patting dust off his butt, Mr. Yue said to his wife, smiling: "How is it? I didn't cheat you, did I? Cook, Cook, please. I'm starving!"

Ⅲ Marriage

The Chinese think highly of family, hence they attach the same importance to marriage. Here are four famous stories told from 2 B. C. to 3 A. D. Why they are well known is that the concept they talked about male and female genders affects contemporary Chinese.

The Chinese like romantic love stories as they represent a human ideal (§ 3. 1). Moreover, the Chinese take practical life more seriously, so they choose their couples with more attention (§ 3. 2), while see sustaining permenant and stable marriage of nothing negligible (§ 3. 3). Folklores tell "jealous wives"also reflect the relation and position between men and women (§ 3. 4).

§ 3. 1 Sima Xiangru And Zhuo Wenjun

Zhuo Wangsun was the richest of Linqiong. Once he came to know that a guest Sima Xiangru had come to Wang Ji the county magistrate and received high respects from the latter, so he intended to invite both to his house.

The day came and when Wang Ji arrived at Zhuo's he saw over a hundred guests were already there. By noon Zhuo Wangsun sent for Sima Xiangru. Sima said he was unhealthy, so to decline. Hearing this, Wang Ji dared not even take lunch before rushing for Xiangru. Finding no other excuse, Xiangru could do nothing else but to accept the invitation. Upon Xiangru' s arrival, all the guests were infatuated of his demeanor.

As far as everybody were a little drunk, Wang Ji requested Xiangru: "It was told that you like to play harp, how about play us a song as a pleasure." After a trifle of evasion, Xiangru began to play. In reality, Xiangru knew that Zhuo Wangsun' s daughter Wenjun had recently become a widow and the widow was fond of music, so Xiangru intentionally teased her with the melody.

Actually Zhuo Wenjun had long been told about Sima Xiangru's easy manner, and she peeped through the window with love while Xiangru played at the dinner. But she thought that Xiangru would not fall in love with her. However, out of expectation Xiangru sent after the dinner for briding Wenjun' s maid to express his love of the widow.

In the very evening, Wenjun eloped with Xiangru to Chengdu by a cart.

§ 3. 2 Liang Hong And Meng Guang

Liang Hong was a man of good character and scholarship. Many families of power and influence hoped to marry off their daughters to him, but Liang Hong liked none of them.

In Meng' s family there was a dark and fat girl named Meng

Guang who was ugly, but she was so strong that she could lift big stone. This girl of Meng Guang had been so choosy that she had not been married as of thirty. Being anxious, her parents asked her what kind of man on earth she wanted to marry to, and Meng Guang's reply was: "I want to marry to a man like Liang Hong." Heard about such, Liang Hong sent for a match-maker. Of course the Meng's agreed, then Meng Guang began to prepare some dowries, which were merely clothes, shoes, wicked baskets and other labor appliances. On the day of wedding, Meng Guang made up slightly and arrived at her husband's house.

However, seven days had passed yet Liang Hong had not spoken a single word to Meng Guang. Meng Guang kneeled to Liang and asked: "It was told that you are lofty in character and morals and you'd refused many powerful families asked for marriage. I did so too in refusing many others, but was chosen by you. Could you tell me why I am unsatisfactory to you now?" Liang Hong replied: "The girl I marry to should be able to live with me in mountains, and to live on our own labor. Now that you are gorgeously dressed while whitewashed yourself. You are too far from my ideal wife." Then laughed Meng Guang: "This has been my test on your attitude. Of course I have my coarse clothes." And she changed to such clothes, washed away cosmetics and went cooking in the kitchen. Liang Hong was so glad then and said: "This is really the wife of mine."

§ 3. 3 The Emperor' s Sister

As Princess Huyang the emperor' s elder sister had just become a widow, Emperor Guangwu intended to choose her another husband and so he talked with her about the imperial ministers. The princess said: "Not all the officials are competible to Song Hong who is not only outstandingly handsome but also possesses great scholarship and excellent moral standing." Acknowledging that the princess was inclined to Song Hong, the emperor said: "I' ll try a way out."

The emperor immediately sent for Song into the palace. While having the princess sat behind a screen to monitor their talk, the emperor probed Song Hong' s attitude: "A folk proverb goes as 'Change to other friends when promoted, and change to other wives when got rich.' Is this most likely a common sense?" Song Hong responded without embarrassment: "But what I heard was this: 'Never forget those friends you'd made when you were poor, and never give away your wife who shared chaff and wild herbs with you.'" Hearing this, the emperor turned and sighed to the one behind the screen: "Alas, the matter can' t go successful!"

§ 3. 4 The River Goddess

Once upon a time in Western Jin dynasty there was a man

named Liu Boyu, his wife Mingguang was a woman of extreme jealousy. One day Boyu recited an article 'Hymn to Goddess of Luo River' before his wife, which praises the goddess. After the recital, Boyu sighed emotionally to his wife: "One would be no regret for all his life if he could marry to a lady like such!" Mingguang was so angry when she heard this: "You want to take that beautiful river goddess and put me aside? Couldn't I become a river goddess after I die?"

Mingguang really committed suicide that very night by jumping into a river. Seven days later, Boyu dreamed that Mingguang said to him: "Didn't you intend to marry to a river goddess? Now I am one." Since then, Boyu dared not cross any river.

People later named the pier where Mingguang jumped into river as Pier of Jealous Woman. Any woman crossing the river by this pier had to dress rags while painted her face ugly before she dared to pass across, otherwise strong gust and rough wave would come up. Of course, gust and wave would not come up when ugly but well-dressed women pass. But those women, worried being laughed at, also dressed ragged clothes and painted their faces into a mess.

Ⅳ Food and Drink

Diet is the foundation of human life. That is why a farmer of plenty is a traditional emblem of happy life (§ 4. 1). Of course, diet is not only the essence of life but also an indispensable form of social intercourse, while wine is its important component (§ 4. 2).

Sits relatively to the stringent courtesy and restraints in marriage and sex, diet culture in China's tradition appears to be more lively, vivid and imaginative. People are adept in overstating their favorite food and drinks (§ 4. 3), and they savour the joys of life accompanied as well (§ 4. 4).

§ 4. 1 Taking Porridge

When poor friends or relatives come in a bitter cold, you may soak a whole bowl of fried dry rice and serve it to them together with a saucer of ginger preserved with soy. Such food is the best to help the aged and the poor feeling warm.

Whenever I am free, I often make hot thick gruel. I hold a bowl of congee in my hand, sip it in a way producing sound even, with my neck shrink into my collar while I chew cakes made of coarse rice. In a morning just snowed, such a bowl of porridge turns you nice and warm from head to toe.

Oh! I do wish to become a farmer spending the rest of my life in such a way.

§ 4. 2 Drinking Against Eating

My ancesters were drinkers, but those in the generation of my father do not take a single drop. Even food with a bit of distiller's grain will make them blush. Therefore, no matter if it was in preparing ordinary meals or holding banquets, my family only focused on cooking skill. As the dishes were served, my father and my uncle would gobble them up while leaving the glasses of wine untouched. Moreover, as soon as they finished eating they would get away from the table, leaving the guests unattended.

My father's friend Zhang Donggu was a drunkard. He always feels unsatisfied every time he was invited to my house for dinner. One day after meal he said to my father: "Curious are you brothers! You both eat whichever meat no matter it is tasteful or not, but you refuse any wine — I wonder if you really know eating!"

§ 4. 3 The Crab

I can make comments on every kind of food, and further I fancy from it unrestrained and far-ranging after each commentary.

Nevertheless, on crab and only on crab which, though I'm so addicted to it that I think of it almost every day, and I feel it extremely tasteful when I have a bite of it in my mouth, yet if you ask me why I am so greedy of it, or for what reason I can't forget it on any day, I simply can't tell.

Such a thing of crab, you may say it's a kind of freak on earth, but to me it's a kind of food I admire. I have been a crab addict all my life. Every year I save money specially for crab before it comes to market. My family joked on me that I see crab more fatal than my own life, and I thus named such money my 'fatal money'. From the very day when crab comes to the market till it goes out of sale, not a single meal that I could omit it. My colleagues and friends all quite understand that I like crab, and they always invite me to dinner with crab in succession during this period. So I named the ninth and the tenth months of lunar year my 'Autumn of Crab'. I had a maid who was skillful in preparing crab, thus I'd changed her name to 'Crab Maid'. It was a pity that she had left.

Crab, oh, crab! Most likely you'll accompany me through to my last day!

§ 4.4 Isn't It Carefree!

Going on a drinking spree in a spring evening with several straightforward friends. Intended to cease but felt not yet enjoyed all to the full, but instead of carrying on yet really could not take any drop more. Recognized such, a smart boy servant stood aside found a dozen big firecrackers. So everyone swamped outside. The fragrant smoke of gunpowder entered into the brains through the noses, makes you free from inhibition. Isn't it carefree!

In summer, a dark green watermelon was served on a scarlet wooden tray. Unsheathed a chilly dagger, split the melon with it in one strike. Isn't it carefree!

Drinking wine alone in a winter evening. Felt getting colder and colder while drinking. Pushed the window open, snow of big flakes was sighted floating in the wind, and it had drifted for three to four inches thick! Isn't it carefree!

Being free after meal, roaming in the marketplace a mini-stuff was sighted, which was something just like the one in my pocket, so I intended to buy another. Bargained with the pedlar for long, the difference had approaching covered but he refused to further reduce the price at any rate. Being so, I fumbled out my small article and threw it to the hawker. Laughed, he submitted with his hands cupped overlpping: "Oh, no, no!" Isn't it carefree!

V Fame and Wealth

"Money" is indispensable in practical life. Nobody can avoid admiring those talent merchants (§ 5. 1). But overwhelming stories proposed hints to beware of the harm of "money". For instance, the rich could seldom refrain from disasters (§ 5. 2), while those richmen unwilling to spend money were always composed into ridicules (§ 5. 3). And same as the rich, the famed were often described very miserable and ridiculous (§ 5. 4).

The stories collected hereunder have quite some similarities with the stories of other nations. But is there any specific Chinese views on "money" and "fame" in these stories?

§ 5. 1 One-Cent Coin

Once in a certain prefecture of Guangdong Province there lived a pair of intimate friends since they were young, let' s name them A and B. When they earned some money they went to the provincial capital city to earn their living. However, they were so unfortunate that they couldn' t find any job but spent all their money before long.

That was a New Year Eve when they stayed at a small inn. B

felt the last coin from his pocket and sighed: "What do we keep this single coin for when we cannot go home!" So he was to throw the coin away with his raising hand as he said this. Suddenly A grasped B's hand: "Hold it. This one-cent coin is a big capital!" This sentense had traded a wry smile from B. But A said further: "It is New Year Eve and every family is butchering poultry for the festival, so there must be plenty of feather and paper chips. Help me to pick'em, they are of good use."

A few moments later the two collected a whole bunch of those. And A bought some flour with the coin to stir it into paste. They spent the night producing over a hundred toy birdies with chicken and duck feather sticked onto paper chips. And early in the morning of Spring Festival the two brought their arts and crafts to the street, where children strived to buy the toys. Thus the one hundred odd birdies were sold up by dusk.

Since then, the two friends made toy birds at night and sold them in daytime. In less than a month's time they hoarded up hundred pounds of silver ingot money.

Later they opened a toy shop, and nominated it 'One-Cent Coin.'

§ 5.2 Fire

Mi Zhu was a rich merchant. He was rich because he could forecast the prices when he conducted business. He was so rich that somebody said pearls of egg's size were thrown everywhere in Mi's courtyard.

One night, weeping was heard from beside Mi's horse stall. Followed the sound, Mi Zhu found a nude woman walked to him and wept: "During late Western Han dynasty some bandits dug off my coffin and robbed my clothes. My body has been buried nude underground for over two hundred years. Please provide me rags and re-bury my skeleton." Hearing this, Mi Zhu got back home right away, sent for cotton clothes and a coffin, constructed a new grave and buried the woman's bones.

An odd year later several boys dressing green clothes came to Mi's house and warned him: "Your house will catch fire and your property will all be burnt up. Fortunately you have shown sympathy to others, Heaven doesn't forget your beneficience and hence sent us to relief the disaster thus you can keep part of your belongings."

Hearing this, Mi Zhu hastened to send his followers to dig a ditch round his warehouse and filled it with water. But who would have thought that a fire started from inside the warehouse some two weeks later. The fire was so severe that eight to nine-tenths of Mi's property had turned to ash. When the fire went more vigorously people saw dozens of boys dressed in green extinguished the fire from above with a dark cloud. The fire went out wherever the cloud reached.

After the fire-fighting, the boys suggested Mi Zhu: "You should raise some aquatic birds like the storks, this will help you escape from fire." So Mi bought thousands of water birds and raised them in ponds. He sighed and said: "In people's life his property is limited. You shan't be insatiably avaricious, or you'll court disasters."

§ 5.3 The Miser

In Han dynasty there was a greybeard who had not a son but was very rich. He wore ragged clothes and ate homely fare, and he got up before dawn and took rest after dusk every day to run his business. He was insatiably avaricious but grudged to spend a penny for his own.

The old man was thrifty himself and was even more stingy to others. Once a person came to borrow some money from the old man. Could find no way out, he could but go into the room and picked out ten coins. While staggered out through the hall, he turned the coins back from one hand to the other and when he finally got back out only five coins were left in this hand. Keeping his eyes shut, the old man handed the coins over and exhorted: "I've lent you all I have. Be sure never tell others about this, or they'll come to me after you."

However, the old man died soon later, and his fields, houses and other property were all confiscated.

§ 5.4 Prestige

What is the so-called prestige nowadays?

This mister so-and-so waited in front of a bigwig' s house for a whole day then bribed the standoffish servant to pass in his calling card. Had a hard time to have his name reported, but being received by the master was nothing so easy! This guy could only wait in a stinking stable. All the way till sunset as the servant came out again to tell: "The host is tired, come tomorrow."

Dare the man not come the next day? He sat up by midnight with a coat draped over his shoulders, and hurried up at the cocks' first crows. Then he mounted his horse and set forth immediately to the bigwig' s. Upon his arrival at the gate, the servant shouted: "This is really outrageous. How could a guest be received at such an early moment!"

"I have no way out, please just let me in." With efforts he had the allowance to wait in the stable again.

Finally, came out the host. This one in fear and trepidation kneeled on the steps. "Come in," said the host. Then the visitor prostrated twice before he stood up and presented his gifts. After the host' s repeated declination as it should be and of course the guest' s repeated insistency, finally the former asked a servant to accept them. The presenter kneeled down at once, prostrated and groveled, bowed several times after he stood up with reverene and awe, then off he went.

And then, at the gate he bowed to the janitor and told him: "Your master has met me! Don' t press me when I come next time!" And when he met the acquainted on his way back home, he flourished the whip and said to them: "I just come from the master' s house. His Excellency treated me very, very well!"

From his description added inflammatory details besides the

bigwig' s occasional saying as "this guy is not bad, not bad, " those who knew this guy called in them a feeling of profound respects.

That is the so-called prestige nowadays!

Ⅵ Social Intercourse

Fame and wealth gradually desolate relations between people. To keep emphasizing the tradition of "sensitivities", "rite"is definitely necessary: formulated norms must be observed even if you are a famed or even you are at home (§ 6. 1). While in the society, promise is even more obliged to keep (§ 6. 2). You should not forget to repay the assistances you received when you were in trouble is even strongly requested (§ 6. 3). If you can excuse somebody's faults, he shall requite when you have difficulties (§ 6. 4).

§ 6. 1 Master Meng Intended to Divorce

Finished household chores, Meng Ke's wife got back into house for a rest. She sat down on a matting, stretched her legs trying to relax her tired body.

As it happened, Meng Ke just got in. Upon seeing his wife's gesture on the matting, Meng turned round angrily and off he went in a great rage.

Found his mother, Meng Ke uttered bluntly: "Mom, my wife has no manners, please allow me to divorce her."

"What happened?" the mother asked.

"She sat stretching her legs on the matting." Meng Ke was still in a huff.

"How did you know?"

"I happened to see it." Meng Ke spoke plausibly and at length.

The mother shouted at the son: "It is evidently you instead of her who has no manners. It was clearly stated in the Bible of Politeness that 'when you get in a gate you should ask who is in; when you enter a hall you should speak loud to let people know; and while you are getting into a room you should have your eyes looking onto the gound.' That is to say, you should not rush in before others get ready. Now that your wife was resting alone in the room but you got in without notice, it was you who was outrageous, how can you blame your wife instead!"

Hearing such words from his mother, Meng Ke bowed his head low without uttering any word further.

§ 6.2 Bandits

By the latest years of Western Han dynasty bandits stopped at no evil everywhere killing and arsoning.

Once some bandits looted the village where Liu Ping's family was, and unfortunately his younger brother was killed. Liu Ping fled from home, supported his aged mother with one arm and carried the daughter of his brother in the other. Suddenly the old mother found that Liu Ping's son was not brought out with them, and she urged Liu Ping go back to look for the boy. Liu Ping, stampled his foot with decision, said: "I can't afford to bring both children, but Brother ought to have his successor!" Then he proceeded on from the village, supported his mother.

They hid themselves in a bush of reed. Early the next morning Liu Ping got out from the reed for food, but not far from the bush he ran into several bandits. Extremely starved, the bandits were to kill this man alive for food. Liu Ping couldn't refrain from crying: "My old mom is eagerly looking forward to my return. I'll find some food for her, then I'll come here soon for your disposal." Seeing that Liu cried to such air, the bandits waved him away.

Liu Ping brought to the reed bush the food he found. Then he bid farewell after he handed the food to his mother: "I've just promised those guys. They released me, and I can't go back on my word." He got out from where he'd hid and found that group of bandits. The bandits were so astonished that they gazed at each other: "We heard that there are people of so-called good faith, we'd never believed it. But we meet a real one today. Oh, hurry away. We dare not eat your flesh."

§ 6.3 Different Repays

Han Xin was brought up in a poor family. He knows neither planting nor trading. As he showed no prominent merits and thus nobody cared to recommend him to a job in the offices. Hence Han Xin loafed about daily and often asked for meals from his acquainted, and thus they disliked him. After he had free meals in a local official's house for months, the hostess felt headache about him. And one day, the official's family prepared breakfast very early and finished it sitting on the bed. At normal breakfast time Han Xin came but nobody prepared meal for him. Han certainly understood what they meant, so he left furiously.

Being thirsty and hungry, Han Xin went fishing at the bank of a river. An old woman washer felt sympathy to him as he was starved, so she shared her meal with him. She fed him so for dozens of consecutive days. Han Xin was so grateful and he thanked the old woman: "I will surely requite you well in the future." The woman got angry: "Being a man you can't even afford to earn your own living. I feed you since I see you pitiful. What repay am I expecting from you!"

Later when Han Xin became a well-known general he sent for special search of the old woman washer and presented her a lot of gold. Han also gave the local official a hundred coins, and said to him: "You, are a base person! You did good deeds but you can't carry it through to the end."

§ 6.4 Hat-Ribbon

The grand banquet held by King Zhuang of Chu State covered such a long time from broad day light till late in the evening that everybody attended were half-drunk. Then suddenly the lanterns were blown off in a pop by a gust and thus the banquet hall immediately became pitch-dark.

In such a darkness, all of a sudden one of the king's concubines felt that someone was pulling her dress. Pushing the man off, she touched his hat-ribbon. Hit upon a way out of a predication she tore the ribbon broken, then whispered to the King's ear: "Somebody pulled my gown and I'd broken his hat-ribbon. Please, Your Majesty, hurry to ask for light lanterns, so we can see whose hat-ribbon is broken."

Out of her expectation, when the king heard this he spoke loud: "All of you break your hat-ribbons! We'll drink to our fill delightly today with our ribbons broken." The king ordered for light lanterns not until all had broken their hat-ribbons.

Three years later, there broke out a war between Chu and Jin States. King Zhuang led the troop in person into battle. In the fight, he found one general of his was always in the van, who killed individually five enemy generals, and finally the enemy was defeated. King Zhuang was much satisfied and he hastened to call for the general to enquire about his situation. The general said: "I was the one who had been broken the hat-ribbon. Your Majesty has been so lenient that I had long been awaiting an opportunity to repay."

Ⅶ Self-Cultivation

It is nothing so easy to control one' s mood while he is having a hard time (§ 7. 1), and the highest trial to everyone who hopes to be successful is on his spirit of patience and persistence (§ 7. 2). But is it the same requirement on controling your mood when you are successful (§ 7. 3)? Since people of good temper are always welcome, is there anything unfavorable to become such a person (§ 7. 4)?

§ 7. 1 "Hey, Come for Food."

One year there was a crop failure in Qian Ao' s native place. Qian' s was a family relatively rich, and he prepared much food and waited on a road for charity to all the starved he saw.

Not long later, a famine victim came along the road, staggering. The man covered his face with a sleeve, simply walked forward with his head bowed, noticing nothing. Qian Ao held food in his left hand and carried drinks with the other, hailed the man: "Hey, come for food!" The starved victim raised his head and cast a glance at Qian Ao: "It was my disregarding such shouts of 'hey' that I came to this shape," and he went continued on. Qian Ao hurried to apologize, but no matter what he said further, the man simply trottered away, never turned back.

When Zeng Shen heard of this he couldn't help sighing: "The starved was not quite right! Yes, he should refuse to acknowledge when Qian Ao shouted 'hey', but he should take some food after Qian made an apology."

§ 7.2 Zhang Liang Picked Up the Shoes

Failed in planning to murder the First Emperor of Qin dynasty, Zhang Liang fled to the countryside as a hermit.

One day Zhang Liang was out for a stroll. When he passed by a small bridge there was an old man came up head on. Passing by Zhang, the old man dropped his shoes down beneath the bridge from unknown reason. Turned to Zhang Liang, the old man said to him: "Hey, pick the shoes up!" Felt insulted, Zhang Liang thought of chiding such an arrogant old fellow with fists and brush his request aside. But when he found this aged man was so old, he could do nothing else but submitted to humiliation and went down the bridge to pick the shoes up.

However, instead of thanking him the greybeard stretched out his feet and ordered: "Put'em on!" Since the shoes were picked up, Zhang thought he could only put them on for him. Then he kneeled down and put the shoes on for the old man. Wearing the shoes, the aged man stood up and said, laughing: "This child is worth teaching. Come to wait for me here in the early morning five days later."

Curiously, Zhang Liang promised without hesitation.

Early in the morning on the fifth day when Zhang Liang arrived at the bridge, the greybeard had already stood there. Upon Zhang's arrival, the old man said to him unhappily: "How can you be late when you are appointed to meet an elderly? Come again five days later." Then he went away.

Five more days later, Zhang Liang rushed to the bridge at the cock's first crow. He didn't expect that the old man was already standing there. "Why come late again?" the old man said when he turned round and went away, still the same sentence was left behind: "Come again five days later."

Another five days had passed. This time Zhang Liang arrived before midnight. Not long later the greybeard came. When he saw Zhang he said to him gladly: "That's right." And he took a book out from his bosom and told Zhang Liang: "Learn from his book and you'll be successful in ten years." After delivered the book to Zhang Liang, the old man turned round and gone.

Waited till dawn, Zhang Liang opened the book and he found it was an 'Art of War' which describes the strategy. From then on Zhang Liang studied it with great concentration, and finally he became a famed strategist.

§ 7.3 Lenience

Wang Shu said nothing when he accepted a designation to head the government. His son reminded him: "Papa, you'd better express some gesture of declination…"Wang Shu asked him unpleasantly: "Do you mean I am not qualified to assume the position?" The son answered hastily: "I don't mean that. Of course you are capable to. But after all, to modestly decline is a kind of virtue which is unomittable as a matter of courtesy." Wang Shu became more angry when he heard his son said so: "What sort of modesty should I show if I am competent! Some said you would be higher-minded than I am, but I see you will definitely not."

§ 7.4 Chunyu Gong

Chunyu Gong was a modest and amiable man always makes concession. In case anything unhappy occurred, he always tries everything best to release other people's embarrassment. One day when he was taking a stroll he by chance saw someone cutting his paddy in his fields without his prior consent. Chunyu Gong thought, the man would be much embarrassed if he saw him, so he squatted and hid in a bush before the man could see him. Chunyu waited till the man carried two bucketful of rice afar off, then he got up and continued his stroll.

In another occasion, Chunyu Gong met a stranger on a hill cutting Chunyu' soak tree. Found that the tree was too heavy for the man, Chunyu Gong went to him and helped him to carry the tree onto a cart for him to bring it away. Later when the man heard that this helper was the owner of the forest, he felt astonished and ashamed. He brought the tree back to return it to Chunyu Gong, but the latter insisted that the tree was a gift he'd presented to him, and asked the man to bring it home again.

Ⅷ Legistic Society

What actually is a society of an ideal one?

In traditional concept law was not understood being capable in effectively preventing crimes, but a person did something wrong had mended his ways under moral effects(§ 8. 1). Therefore some people believe that keeping moral norms was more essential than obeying to law (§ 8. 2). An Utopia is a society governed by ethics instead of by rules and laws (§ 8. 3). And the most important experience of successful governors in history lied on letting matters slide instead of compulsory (§ 8. 4).

§ 8. 1 A Grave Robber

Somebody dug a tomb and stole the valuables buried with the dead. Investigated for long by the officials, the case came out with no result. Later, a man was arrested. Interrogated with savage torture for over a year while several witnesses were found who were willing to testify that he dug the tomb, the man finally confessed.

When the convict was brought to the execution ground for decapitation, a person among the bystanders raised his arm and yelled: "It was I who dug the tomb. I am at large as you couldn't catch me, how can you kill this man who is innocent?" Then this person handed out all he had stolen from the tomb. After checking, those were found genuine, but the arrested had also handed out the same booty. What was the matter?

Then the supreme local official personally interrogated the former arrested. The man said: "Though I' m not guilty, I was so cruelly flogged that I couldn' t endure, and thus I' ve asked my family to imitate the booty so that I can die earlier." Greatly shocked, the supreme official reported the case immediately to the imperial government. The royal court arrested those officials applied cruel torture, and released the innocent. As to the thief surrendered himself, he was rewarded and was assigned an official.

§ 8. 2 "Where' s the Criminal?"

Hou Yi was an official loyal to his friends. Once Hou Yi had given shelter to a vital criminal, so a judical official who searched the criminal arrested Hou. However, no matter how the official interrogated him, Hou Yi simply refused to confess where he hid the criminal.

The official said furiously: "The criminal is hidden under your feet, how dare you say you don' t know?"

Upon hearing this, Hou Yi raised a piece of brick and stroke it onto his feet, lifted them to retort: "Where' s the criminal?"

Even more angry was the official, he continued: "He hide just under your knees. "Hou stroke his knees with the brick and asked: "Where is he?"

As Hou still refused to confess, the official filled an iron pan with charcoal burned very red and placed the pan onto Hou' s belly. Smoke came off so severely from Hou' s skin that people dared not view the scene, but Hou Yi shouted loudly: "Why don' t you put in some more charcoal?"

Had no way out, the official could do nothing else but to report the case to the emperor. Then the emperor came to interrogate Hou Yi by himself. He asked Hou Yi: "Why do you give shelter to the criminal and thus caused you such suffering?" Hou Yi replied: "It was I who hid the criminal. Now that I hid him, I' ll never confess even I' ll die." Seeing that Hou Yi was so firm, the emperor didn' t take things difficult for him further, just demoted him instead.

§ 8. 3 The Happy Bygone Days

Master Gao was made a duke in Emperor Yao' s regime. He resigned and went to the countryside as a farmer when Emperor Yu governed the state.

Couldn' t find Master Gao, Emperor Yu went to the country in person for him, When Yu saw Gao, the latter was tilling in the field. Emperor Yu approached Gao and bowed to him respectfully: "You assumed a duke during late-Emperor Yao' s reign. Now you resigned and come to farm here. May I know if it was that you have some objection on me?"

Master Gao replied: "When Emperor Yao governed, there was no awarding applied but the common people came to production with efforts, and they dared not commit evil things even no punishment was needed. Now, the so-called laws and regulations are promulgated while such awards and penalties are applied, yet the moral moods of the people have more and more degenerated since. Oh, the state is coming into chaos. Off you go, don't hamper my tilling." Then Gao engrossed himself in farming, without noticing the emperor any more.

§ 8.4 Country School

People in Zheng State often gathered in country schools to comment about the government and the officials. Ranming, an official, hence suggested Master Chan: "How about demolish the country schools?"

"Why?" said Master Chan, "People ramble over there after finishing work every day, and comment on the government as well as the officials. We persist in doing what people feel good, and give up those people consider no good. These schools are where our teachers are, how can we demolish them? I only heard that one who makes efforts to do good can alleviate discontents from others, but I've never heard that one can block comments by lording it over the people. Yes, so doing may block resentful discussions tentatively, but this is just like stopping up a river. Once a bleach is bursted by the flood, it is too late to recover it. We'd rather open up a small gap and let water flow out slowly. So we'd better listen to the comments from the masses."

Ranming agreed with admiration: "Now I recognize that you can indeed undertake a great course. I myself is not capable, but if we do as what you say, then not only these several officials of us but the whole Zheng State too shall have a foundation of support."

Ⅸ Life

Men live in nature. Views upon nature resulted in different outlooks on life (§ 9. 1). Former folk religions believe that "retribution" applied to both good and bad manners (§ 9. 2), while Daoism stories reminded people that good and bad may both turn reversely (§ 9. 3). We can compare contemporary life styles with the outlooks of life formed under the influences of Budhism and Daoism (§ 9. 4).

§ 9. 1 The Qi Worried About the Sky's Falling

There was a man in Qi State who was heavyhearted all day long, worried that people could go nowhere if and when the sky falls and the earth subsides. He was anxious days and nights having the fidgets and he could neither eat nor sleep well.

Seeing the Qi being such, a man enlighted him: "The sky is accumulated with gas which exists everywhere. Your breathing and your motions, aren't they happening within such a sky? Why do you worry it's falling!" The Qi asked: "If the sky is an accumulated gas, won't the sun, the moon and the stars fall?" The man told him: "The sun, the moon and the stars are just masses of illuminant gases. Even if they drop down, they won't hurt anybody."

Still the Qi did not feel relieved: "But what shall we do if the earth subsides?"

The man explained very patiently: "The earth is piled up with soil and stone which are absent nowhere. Aren't you walking and driving carts on such an earth? What are you anxious about its subsidence for!"

Hearing these, the Qi was finally relieved. And the man consoled him was also pleased with himself hence.

However, when Master Changlu heard the story he laughed and said: "Since we know the sky is accumulated with gas while the earth is piled up with soil and stone, how can we say the sky and the earth shall never fall and cave in? The so-called sky-and-earth is merely a small bit in the infinite void, though it is the largest among all the tangibles. True, worrying about falling sky and subsiding earth is a concern on things too far, but after all, both the sky and the earth shall terminate. It is surprising if people won't worry then."

Then Master Lie heard of these, he also laughed: "It is not right to say the sky and the earth will fall, but it is neither correct to say they won't, because I can't tell when they will. We don't know what will happen after we die, and we won't know how it was when we die. Why should I mind whether the sky falls or the earth subsides!"

§ 9.2 The Swallows

A family had three children born on the same day, they were all boys. Nevertheless, the boys could not speak even when they were almost twenty.

One day a guest came to this family. When he saw the poor children he asked: "Who are they?" The host sighed and said: "They are my sons, all are dumbs." Sympathy was the guest, he then said to the father, with his eyebrows knit: "You should reflect, what was the cause?"

Hearing the question, the host was shocked. After reflected for a long while, suddenly he thought of something: "Right. When I was a kid there was a swallow nest built above my bed. In the nest were three birdies. The birdies would open their beaks for food when their mother returned. They opened their snouts too when I pointed my fingers into the nest. Once, out of naughtiness I'd fed the birds with thorned weed, and it turned out that all the birdies died. I am too late to repent as I'm recollecting the story."

The guest nodded: "Yes, that's it."

Right at the moment, all of a sudden the three children of the host could speak then.

§ 9. 3 The Old Man Lived by the Frontier Lost His Mare

There was a greybeard lived in a border area.

One day the old man had his mare suddenly fled away. When the neighbors all came to console him on this, the old man said: "Couldn't it be fortunate?"

Months later that mare retuned, brought with it a steed from the Hu national lived in the north. People came to the old man to congratulate him, yet he said: "Could't this be calamitous?"

Sure enough. His son who liked to stroll about riding on this horse once fell from it and broke his leg. When people came to comfort the old man again, he still said: "Couldn't it be lucky?"

Then, the Hu's invaded the border area over a year later and all the young men were enlisted to fight on the front against the Hu's. The fighting was so fierce that many neighboring families had casualties. However, the old man's was an exceptional ane since his son escaped from fighting as he was a cripple.

§ 9. 4 Pine Breeze Pavilion

When I was in Jiayou Temple of Huizhou town I used to stroll along the mountain paths there. Once when I felt tired in a stroll I thought of taking a rest in Pine Breeze Pavilion on top of the hill. But as I looked up, I found the pavilion sat far behind the clumps of tree tops. I then whispered: "Alas! By what time that I can approach it!" While I climbed further, all of a sudden an idea came to my mind and I stopped, laughing: "Hey, at whichever spot can't I stop for a rest!" And all at once I sat on my butt, feeling so free like a fish struggled away from a hook.

One should understand this: On a shouting battlefield face to face against the enemy, when you dash forward you will be killed while you retreat you'll be executed by martial law. At such a crucial moment, you might as well sit down to have a thorough interval.

X International Exchanges

Traditionally the Chinese were much satisfied with their 'home', hence they term her "The Country at the Center". However, the Chinese also felt curious about the outside world. We see from the following stories: Influence of Indian culture upon China around the 3rd century (§ 10. 1), her psychology in the exchanges with neighboring countries as a large feudal empire in the 9th century (§ 10. 2), adventures abroad told in the 15th century (§ 10. 3), and the understanding of the Chinese upon western things in the 16th century (§ 10. 4).

§ 10. 1 The Magician

In Western Jin dynasty, an Indian came to the south of the Yangtse River. This foreigner knew magic, he could play tricks like 'breaking tongue' or 'spitting fire'. So, many people crowded around wherever he performed.

When the man played 'tongue-cutting', he first showed his tongue from his mouth, then cut the tongue with a knife in one shot. He placed the bloody tongue in a bowl and let the audience inspect it. When people looked into his mouth. they could still see the remainder half of his tongue. The magician then asked for the broken tongue and put it back into his mouth. Sat for a while, he opened his mouth. People found his tongue appeared intact just as the original, nobody was sure whether it had ever broken.

Other than connecting 'cut tongue', the magician could also play connecting 'cut cloth'. He took out a piece of spun silk pongee, had two people hold one end each and he scissored the pongee into halves at the middle, then he connected the two pieces. The audience found that the piece of pongee had come to a complete one. Many of the audience suspected that the magician did not actually cut the pongee apart, so they peeped in the quiet. But it was proved that the cloth was really cut apart.

As to 'spit fire', it went like this: At first the magician put some drug in a bowl and mixed it with syrup, then he stirred the paste with igniting spark while blowing air onto it. Subsequently he opened his mouth and the flame popped inside immediately. He then ignited straw on ground with the fire from his mouth, and threw something like waste paper and straw rope into the fire. The audience eye-witnessed that those stuff were burned to ash, but when the magician set the ash aside, the paper and the rope picked up were sighted unharmed.

§ 10.2 A Game of Chess

In Dazhong reign of Tang dynasty a prince of Japan came to China, brought with him lots of treasure and musical instruments.

The Chinese emperor arranged various art ensemble performance and banquets to treat the prince with great hospitality. The Japanese prince was fond of black and white chess match, so the emperor ordered Gu Shiyan to play against him.

The prince took out a chessboard and some pieces to introduce: "Thirty thousand miles east of Japan there is a Genuine Collection Island, on which there is a place named Rosy Cloud Agglomerating Rostrum where Chess-Game Pool sat. These pieces were from that pool, without processing these black and white pieces are sharply contracted naturally. Moreover, you'll feel warm when you touch them in winter and feel cool in summer, thus they're called Jade Pieces of Warm and Cool. From the pool there produces also a kind of jade having its texture similar to that of Chinese catalpa tree. The chessboard made of such jade has its surface as smooth as a mirror, and it is called Catalpa Jade Chessboard."

Gu Shiyan started the game matching with the prince. They still tied without loss and win after thirty-three rounds. Gu was anxious to sweat on both palms as he worried being failed to live up to the emperor's entrustment. After pondered for a long while, Gu played off a strike called "Press Gods' Head Down" which was his unique resort. The prince glared his eyes wide open, admitted defeated with his shoulders shrug. He turned to the interpreter: "At which rank is this gentleman in your country?" The interpreter lied: "He's the third," while Gu was actually the State champion. The prince requested: "I hope to meet your ace-player." But the interpreter said to him: "You can meet the second when Your Highness win the third, then you can meet the first after you win the second. It is not allowed for you to meet the first at your current shape." Packing up the chessboard, the prince sighed: "Yes, yes. The first in a small country is really not competible to the third in a large one."

§ 10.3 The Pearls

In Yongle reign of Ming dynasty a soldier on one of the boats sailing to southern Asia suffered with malaria and was about dying. Some on the boat were preparing to throw him into the sea. Fortunately there was a sailor who was acquainted with the soldier, he begged for him and finally the soldier was sent to an island. Given him were clothes, food and other utensil like cookers and bowls.

Not long after the soldier landed on the island he drenched with a torrential rain. And after the rain he was unexpectedly recovered from the disease. Then the soldier found a cave and stayed in it. The island had luxuriant plants where many birds built their nests, and eggs could be found everywhere on the ground. The soldier picked the eggs for food, and he restored to health in merely two weeks or so.

Soon after, the soldier noticed that a curious sound like a shower was always heard along the seashore, moved from the sea to the island at dusk and reversely at dawn. Surprised he was, the soldier went for investigation on the quiet. He found on ground a long and slippery ditch as if a snake had crawled over it. The soldier cut down a piece of bamboo and pared it into a bamboo sword in the trough when the night was dark. The other day the soldier heard the shower-like sound moved seaward, but by dusk nothing was stirring. Went over to examine, he only saw pearls everywhere in the bloody ditch with their maximum diameter longer than over an inch. It was most likely that the snake had died in the sea after its belly was ripped open by the bamboo sword, and those pearls must have come from the clams it had swallowed.

So, the soldier picked up certain pearls each day and finally he stored up several decaliters of them in the cave. An odd year later the soldier sighted the former boat approached again. He cried loud for help and the officials on the boat sent to rescue him. The soldier told the whole story and brought up to the boat those pearls he had collected. The officials allotted him one-tenth of them. When returned to his home country, the soldier became a man of wealth.

§ 10.4 Western Painting

Matteo Ricci was from Europe. His face was white, his beard curled, his eye sockets sunk, and his pupils were as yellow as those of a cat. He could speak Chinese. He stayed to the west of Zhengyang Gate since he moved to Nanjing.

Matteo told people that his nation believe in God, and God referred to the creator of Heaven and Earth. On paintings God was a baby carried in arms of a woman who is Santa Maria. The paintings were painted in colors on a bronze plate. On the paintings people were lifelike, with their bodies and hands looked indistinctly protruded from the plate, and the hollows and bumps on the faces looked no difference from those on real human faces.

People asked Ricci how could these be drawn like such. Ricci explained: "On Chinese paintings the artists only draw convex parts and omit the concave, therefore the body and the face looked plain without undulation. In my country artists draw both, so, on faces there are rise and fall while the arms looked round. When facing the sun, one's whole face looked bright; when he faces it on one side, this side is bright while the hollows on the eye, the ear, the mouth and the nose on the shaded face appear dark. The artists in my country understand this and they paint accordingly, hence they can draw people lively."

后　记

我衷心感谢——

我的父母李念国、吴庸芬和我的妻子杨旻，在我同时着手本书和《周易大辞典》的编写时，他们为我分担了大量工作。尤其是我父亲李念国作为资深译员为本书作了精确的英文翻译；

我的师友黎天睦、康庄、李炜、张维耿、周继圣、李立，我采纳了许多他们对本书的体例、观点和相关课型提出的有益建议；

我的学生桥本敬司、杉山亚纪（日本）、文基哲（朝鲜）、芮莉思（澳大利亚）、麦安吉（英国）、包墨客（德国）、安妮（丹麦）、岑德明（马来西亚）、黄广星（美国），他们对这本书以及相应的课程给了最直接的意见反馈；

北京语言学院出版社的同志们，他们严格的要求、周密的考虑，使这本书又得以进行了两次较大的修订。

我还要感谢本书"参考资料"中所提及的学者。本书的有些观察、结论或概念可能是新鲜的，但其余的大多是前贤的论述和见解。因为本书希望讲求实效，而不是追求新奇。目的在充分利用已为人们所确认的常识，帮助读者训练自己的文化理解力和沟通技能。

作　者

一九九三年四月

（京）新登字 157 号

古往今来
李铭建　著
＊
出版者名称:北京语言学院出版社
印刷者名称:北京语言学院出版社印刷厂
中国国际图书贸易总公司发行
（中国北京车公庄西路 35 号）
北京邮政信箱第 399 号　邮政编码 100044
版次(汉英)1994 年 8 月(大 32 开)第 1 版第 1 次印刷
1995 年 1 月第 2 次印刷
ISBN 7-5619-0346-4/H・237
00850
9—CE—2914P